# 숲에서 생명을 만나다

글과 사진 최한수

도서출판 댑스

## 숲으로 들어가며

깊은 산, 도심 공원, 외딴 섬, 학교 운동장, 한적한 시골 마을, 빌딩 옥상, 수목원, 고궁…….

서로 다른 곳에 자리 잡고 있지만, 숲은 많은 생명에게 아낌없이 베풀고 있다.

숲에 사는 풀과 나무는 산소를 내뿜어 우리의 숨을 편하게 해주고, 미세먼지 가득한 공기를 정화해 준다. 철마다 다양한 열매를 달아 우리를 즐겁게 해주며, 녹색을 품어 눈과 마음을 깨끗이 비워준다.

숲은 반려동물처럼 활발한 움직임이 없고, 함께 걷거나 달리거나 훌쩍 뛰어오를 수 없다. 그러나 우리는 숲속에 있는 것만으로도 행복한 느낌을 받는다.

숲에서 살아가는 나무와 풀은 뿌리가 땅에 박혀 스스로 자기 삶의 터전을 옮길 수 없다. 바람에 흔들려 잎이 떨어지고 폭풍에 가지가 부러져도 삶을 비관하지 않고 순응하며 살고 있다.

"만약 나무가 없다면, 이 세상에는 종말이 올 것이다."

녹색 생명체인 숲이 우리를 먹여 살리고 있다. 숲을 지키고 있는 너무나 소중한 생명체 하나하나 이름을 불러주며 서로를 알아가며 교감을 느끼려는 사람들이 많아지면, 지구는 더욱 건강해지며 영원한 생명을 가질 수 있을 것이다.

## ❋ 차 례

숲으로 들어가며

Ⅰ. 치유의 숲
  숲을 찾아가자   2
  원시인의 약국   4
  숲의 치유력   7
  숲, 치유의 종합병원   9
    만병의 근원 스트레스   11
    식스 센스   12
  *멸종된 동물 이야기* ① - 멕시코회색곰   **14**

  숲을 거닐다   15
    산새와 숲의 협동작전   16
  독을 품은 나무   19
    면역력을 키우는 숲   21
    피톤치드(Phytoncide)   23
    하늘과 소통하는 - 나무   25

  *멸종된 동물 이야기* ② - 괌큰박쥐   **29**

## Ⅱ. 상생의 숲
자연처럼 함께 살아가기　31
근거 없는 민간요법　35
나는 여섯 번째 멸종 시대에 태어났다.　37

*멸종된 동물 이야기 ③ - 쇤부르크사슴*　**40**

잡초에도 희망을　41
나무 부자 대한민국　46
　한민족이 제일 좋아하는 나무　47
　무궁화는 아직 나라꽃이 되지 못하였다.　51
　겨울을 상징하는 동백나무　54
　대통령의 나무　57
　5월의 상징 목련　59
　도시를 식히는 담쟁이덩굴　62

## Ⅲ. 숲속 야생화
선비의 정신을 품은 금강초롱　67
소박한 우리의 야생화 - 제비꽃　70
사약의 재료가 되는 천남성　72
선비의 붓을 닮은 꽃　75
나를 건드리지 마세요　76
복과 장수를 기원하는 복수초　78

그 많던 '민들레'는 어디로 갔나?　80
가을이 오면 산과 들에 '들국화' 가득 차고　83

*멸종된 동물 이야기* ④ - 뉴질랜드굴뚝새　85

## Ⅳ. 과학의 숲
식물은 움직이고 있다.　87
숲은 탄소 저장창고　91
지구를 살리는 낙엽　92
한반도의 숲　94
역사가 담긴 나무　96
주군을 잃은 숲　98

*멸종된 동물 이야기* ⑤ - 붉은잠자리　101

## Ⅴ. 숲의 가장자리
생명의 원천 습지　103
개구리를 깨우는 경칩의 생태학　107
제비... 인간과 잘못된 만남　110
어린이 환경 교육의 중요성　115

숲에서 나오며

# I. 치유의 숲

**세르게** 솟대, 서낭당
인간과 신을 연결해 주는 샤먼의 기도처 (2018년 바이칼 알혼섬)

## 숲을 찾아가자

·
·
·
·
·

 봄이 되면 남쪽에서 고향을 찾아 철새들이 3천 킬로미터가 넘는 머나먼 여행을 떠난다.

 일본에서 머물던 재두루미, 흑두루미가 우리나라를 거쳐 몽골이나 시베리아 지역으로 이동하고, 동남아 국가에서 제비, 파랑새, 꾀꼬리, 해오라기, 왜가리 등이 우리나라로 날아와 알을 낳고 새끼를 기른다.

 막대한 희생이 따르는 위험하고 고된 일이지만 겨울철새, 여름철새, 나그네새들은 매년 고향을 찾는 일은 거르지 않는다. 철새들이 고향을 찾아오는 것 또한 자연의 섭리를 따르는 것이다.

 인류의 고향인 숲을 찾는 것 또한 자연의 섭리를 따르고, 영원한 행복의 근원이 되어줄 방법이다. 숲은 인간의 병을 근본적으로 치유하는 자연이 운영하는 종합병원이다. 또한, 인간의 본질을 회복하고 인간을 인간답게 만드는 교실임이 틀림없다.

 우리나라도 숲을 찾는 사람이 꾸준히 늘어나고 있다. 등산, 산책, 숲 해설, 환경 교육, 그림 그리기, 야생화 촬영 등 그 목적은 매우 다양하지만, 숲을 만난 사람들은 모두 편안함을 느꼈을 것이다.

18세기 프랑스의 교육학자인 루소는 "자연으로 돌아가라"는 유명한 말을 남겼다. 루소는 개인의 가치관이나 신앙, 그리고 권위를 떨쳐버리고 철저하게 독립적인 자율형 인간으로 살기 위해서는 숲에 대한 이해와 통찰력을 키워야 한다고 말하였다.

평생을 살면서 삶에 영향을 줄 이해력과 통찰력, 그리고 자율을 가르치는 생생한 교과서가 숲이다.

모든 사람에게 풍요를 가져다줄 것 같았던 '산업혁명' 이후 2백여 년의 시간이 흘렀지만, 자연으로 돌아가는 것 말고는 참된 삶에 정답은 없는 것이다.

**흰눈썹황금새** Yellow-rumped Flycatcher
동남아시아에서 겨울을 나고 4~5월 우리나라로 돌아와서 번식하는 여름 철새 (2021년 흑산도)

## 원시인의 약국

· · · · ·

인류는 상처를 치유하고 고통에서 벗어나고 목숨을 구하는 법을 숲에서 찾았다.

인류는 많은 희생과 시행착오를 거치며 죽음과 병마를 이겨내는 방법을 알아냈다. 이 과정에서 숲에서 얻은 신비로운 비밀은 어머니에서 딸에게 그들만의 언어로 전해져 왔었다.

이런 치유 방식은 인간에게 숨어 있던 샤머니즘에도 영향을 주었다. 원시시대의 의술은 병마를 쫓아버리는 제사나 주술의 형식으로 이루어졌었다. 원시인들은 사람을 살릴 수도 있고, 병을 고칠 수도 있는 주술사의 능력을 맹신하게 되었다.

주술사들은 환자에게 심리적 효과 외에 치료 효과를 높이기 위하여 숲에서 채취해온, 주술사의 비밀이 담겨 있는 식물을 의약품으로 사용하였다.

주술사들은 서로 단합하고 비밀 모임을 조직하여 치유의 정보를 공유하면서, 그 치유 기술이 발전하자 주술사의 모임은 점차 종교화되는 경향을 보였다.

고대 이집트 문명에서도 약용식물의 효과에 대한 전통지식이 많이 전해지고 있다.

**치유의 밥상**
'한식대첩' 우승자 정금례 원장이 차린 밥상 (2021년 남원)
우리나라에서는 '음식은 약과 그 뿌리가 같다'라는 약식동원(藥食同原)의 생각을 가지고 자연에 가까운 섭식습관을 중요하게 생각하였다.

**장독대**
한국인의 건강 밥상을 책임지는 중요한 장소이자 한민족의 독특한 문화이다. (2020년 산청)

'아이시스'는 의약품의 여신으로 모든 의학 지식을 가지고 있었으며 '아이시스' 여신을 모시는 귀부인들은 실생활에 쓸 수 있는 많은 의학 정보를 가지고 있었다.

고대인들은 숲의 치유력에 대해서는 경험적으로 느끼고 있었다. 숲에서 얻어온 나무와 풀을 실제적인 치료에 쓰기도 하였다.

숲의 치유력을 원시인의 주술적인 행위로 헐뜯어 버리기는 아쉬운 구석이 너무 많다.

세계적인 제약회사들은 과학자를 아마존 열대우림, 중국 윈난성, 네팔, 티벳, 부탄과 같은 오지로 보내고 있다. 아직 문명의 밖에서 전통방식으로 살아가는 소수민족이 가지고 있는 치유에 대한 전통지식을 발굴하고 그 정보를 이용하여 신약을 개발하고 있다.

원시 부족이 가지고 있는 치유에 관한 지식은 인류에게 건강과 행복을 줄 수 있는 블루오션 같지만, 열대우림의 파괴, 소수민족의 소멸 등으로 오지에서 살아가며 쌓아온 전통지식 또한 밀림과 함께 사라지고 있다.

## 숲의 치유력

- 
- 
- 
- 
- 

숲속에서 많은 생명체와 함께 살았던 인간은 특별히 우월한 존재는 아니다. 수백만 년 전에 지구에서 태어난 수많은 생물 중 한 종이다.

진화의 과정을 거쳐 두 다리로 직립보행을 하는 우연한 행운을 얻은 생명체이다. 이런 관점에서 보면 인간은 지구의 주인이라 거들먹거리고 다닐 만큼 딱히 특별하거나 강인한 존재는 아닌 것 같다.

자연선택(Natural selection)이란 엄청난 능력을 갖춘 체에 걸러지는 과정을 통하여 질병을 이겨내어 생명을 유지하는 방식이 우리의 몸속에 정립되었으며, 이 모든 것이 숲속에서 만들어졌다.

인간이 숲을 벗어나 도시로 쏟아져 나오기 시작한 것은 산업혁명 이후이다. 46억 년에 태어난 지구의 나이를 46살로 가정하면 인류가 지구에서 숨을 쉬기 시작한 것은 4시간 전이며, 지구에 치명타를 주었던 산업혁명이란 사건은 불과 60초 전에 일어난 것이다.

인간은 불과 1분이란 짧은 시간 동안 인류가 태어난 숲으로 다시 돌아가기 힘들 것이다. 너무나 빨리, 너무나 멀리 달려와 버렸다.

지구상의 많은 생물은 아직 숲에서 살고 있다. 숲을 떠난 인간은 콘크리트 상자 안에서 안락하게 산다고 생각하지만, 편안함 뒤에 감춰진 새로운 고통을 접하게 되었다.

수백만 년 동안 진화의 과정을 통하여 자연스러움을 품었던 인간의 몸은 도시 환경에 완전히 적응하지 못하였다.

살아가는 동안 성공에 대한 욕망을 낮추지 못하여 생긴 많은 질병과 스트레스에 둘러싸여 있다. 이것을 치유하는 곳이 바로 다양한 생명이 건강하게 살아갈 수 있는 숲이라는 것을 잊은 지 오래다.

**숲 치유**
숲에서 그림을 그리며 삶의 여유를 즐기는 사람들 (2017년 덕수궁)

## 숲, 치유의 종합병원

·
·
·
·
·

'숲'이란 단어가 떠오르게 하는 이미지는 '짙은 녹색 향기를 내뿜는, 건장한 몸집의 나무와 예쁜 꽃들'이다.

사람은 숲과 나무를 접하는 순간 쾌적함을 느낀다. 숲에 들어서는 순간부터 나뭇잎 색에서 시각적으로 평온함을 느끼며, 행복한 마음을 가지게 된다.

숲은 생명을 치유할 수 있는 신비한 능력을 갖추고 있기 때문이다.

숲을 멀리서 바라보는 것만으로도 숲이 품은 녹색에 반응하여 '평온, 안심' 등 치유의 감정을 느낀다.

숲에서 나무와 풀이 만들어 낸 녹색이라면 시각적 자극뿐 아니라 심리적으로 더 이상의 것을 함께 느낄 수 있다.

숲을 만나는 것만으로도 모든 근심을 털어버릴 수 있는 것이다. 수백만 년 전부터 야생에서 살아온 뇌를 가지고 우리의 몸은 회색의 도시에서 생활하고 있으니 몸 따로 마음 따로 되어있는 상황이다.

옛사람들은 숲에서 약을 찾았다. 숲에 있는 모든 것을 인간의 행복을 위해 신이 주신 선물로 생각하고, 모든 신체적 고통을 숲에서 해결하고자 하였다.

**맹그로브 숲** Mangrove forest
열대지방 하구에 발달하는 숲으로 다양한 생명의 안식처가 되어준다. 최근 맹그로브 숲을 베어 새우 양식장으로 이용하고, 우리는 그 새우를 맛있게 먹고 있다. 맹그로브 숲에서 기르는 수입 새우를 먹지 말아야, 지구를 지킬 수 있다. (2018년 캄보디아)

숲에서 약을 찾는 방법은 처음엔 아주 단순했다. 무릎이 아프면 무릎 같은 마디가 있는 풀을, 가슴이 아프면 심장 모양의 나뭇잎, 산모가 젖이 잘 안 나올 때는 유액이 나오는 식물을 찾아 먹어보기 시작했다.

신기하게도 이런 단순한 생각이 맞아떨어져 사람의 아픈 곳을 달래주었고, 많은 약이 숲에서 발견되어 인류는 더욱 건강하고 평온한 생활이 유지되었다. 숲에서 세력은 넓어지고 더욱 막강해져 숲의 통치자가 되었다.

## 만병의 근원 스트레스

요즘은 병원이나 약국에 가면 필요한 약을 쉽게 구할 수 있다. 그렇다면 숲에서 얻은 약은 필요 없는 것일까?

전 세계 공장에서 쏟아지는 우수한 성능을 가진 많은 약의 개발로 인류는 옛날보다 더 건강하고 더 오래 살게 되었다.

그러나 생활이 복잡해지면서 현대인에게 새로운 병, 고치기 어려운 병이 생겼는데 그것이 '스트레스'이다.

만병의 근원인 스트레스에는 마땅한 약이 없다. 약도 없는 스트레스를 떨쳐버리기 가장 좋은 곳이 바로 숲이다. 복잡한 일상을 떨쳐버리고 정신적인 만족감을 가질 수 있는 곳, 공짜로 스트레스를 치료받을 수 있는 곳이다.

사람들은 왜 숲으로 가는 것일까? 숲에서 무엇을 얻고자 할까? 푸른색, 맑은 공기, 깨끗한 물, 자연과 고요한 대화 등이 우리가 숲을 찾는 이유이다.

복잡한 도시의 삶에 찌들면 찌들수록, 숲을 찾는 욕구가 커진다. 여러 가지 이유로 숲으로 직접 가지 못할 때, 마음속으로 숲을 향해 달려가며 숲속에 있는 자신을 상상하며 자신을 위로해 본 적이 있을 것이다. 숲으로 가는 상상만으로도 온몸에 평화가 찾아온다.

숲을 보면 잠시 쉬어 가고 싶은 생각이 든다. 인류는 오랜 기간 숲에 의지해서 살아왔고 숲을 고향 집과 같은 존재로 느끼고 있기 때문이다.

"떡 본 김에 제사 지낸다."라는 말처럼 하루에 한 번 '숲'을 떠올리며 스트레스를 치유하고, 가끔은 일부러 시간을 내어 숲을 찾아 쉬는 것이 행복한 삶 아닐까?


## 식스 센스

스트레스만 없어진다면 행복하게 살 수 있을까? 스트레스를 다 날려 보내도 남아 있는 또 하나의 문제, 바로 인생에서 성공을 이루어 내는 것이다. 성공을 위해서 꼭 필요한 것이 '미래를 예측하는 능력'이다. 이 능력만 있다면 '재벌집 막내아들'이란 드라마 주인공처럼 경쟁자를 이길 수 있을 것이다.

사람에게는 다섯 가지 감각이 있지만, 예지능력이라 하는 여섯 번째 감각을 가진 사람이 과연 있을까?

다섯 가지 감각을 키우고 오감의 균형을 잡아주며, 최종적으로는 '식스 센스'라 불리는 여섯 번째 감각이 열리는 곳이 숲이다.

단순히 숲을 찾는 것만으로도 다섯 가지 감각에 균형 있는 자극을 주어 몸을 최적의 상태로 유지해 준다.

자연 속 대평원에서 가축을 기르며 평생 자연이 주는 자극만 받는 몽골 유목민의 시력은 인간의 최고 시력인 2.0 보다 훨씬 높을 정도로 발달해 있다. 우리는 많은 시간을 두 뼘 정도 떨어진 모니터 앞에서 보내고 있다. 컴퓨터가 보내는 전기적 신호에 단순 반응만 하므로 우리의 시각은 점점 퇴화할 수밖에 없다.

도시에서 발생하는 자연적이지 않은 소음을 평생 배경음으로 듣고 사는 현대인들에게 숲을 찾아 듣는 새소리, 물소리, 벌레 소리가 우리의 청각을 깨워준다.

숲속의 새들은 자신의 영역을 지키기 위하여, 혹은 짝을 찾기 위하여 소리를 낸다. 다양한 새소리는 숲은 먹이가 풍부하고 천적이 없는 평온한 곳이란 뜻이다. 이런 새들의 합창을 온종일 듣고 살아온 옛 조상들은 새소리에 평온함을 느꼈을 것이다.

마음의 평온함을 얻는 순간 우리 몸에는 큰 변화가 나타난다. 사물의 본질을 직감적으로 깨닫는 여섯 번째 감각 '식스 센스'가 열리는 것이다.

쓰면 쓸수록 없어지는 것이 당연한 이치겠지만 인간이 가지고 있는 감각은 이와 반대로 쓰면 쓸수록 그 성능이 향상된다. 자신이 가지고 있는 감각을 올바르게 사용하는 것이 성공에 이르는 또 다른 방법이 될 것이다.

## ♫ 멸종된 동물 이야기 ① - 멕시코회색곰 ♫

지구에서 살았던 기록이 있는 회색곰 4종은 대륙 토박이다. 그중 가장 몸집이 작은 종이 바로 '멕시코회색곰'이다. 멕시코회색곰은 따뜻한 남쪽 지방에 살기 때문에 북아메리카 지역에 사는 사촌들과 달리 동면할 필요가 없다. 따뜻한 지역에 살아 가죽도 얇다.

인디언들은 이 회색곰에 대해 잘 알고 있었다. 경외의 대상이었다. 무시무시한 힘을 가진 회색곰은 강인함의 상징이었다. 그러나 17세기에 스페인 탐험가들에 의해 괴롭힘을 당하기 시작하였다. 스페인 탐험가는 회색곰의 영토에 농장을 만들고 가축을 보호한다는 핑계로 덫을 놓고 총을 쏘며 독이든 미끼를 놓아 회색곰을 죽였다. 로키산맥까지 밀려난 회색곰은 점점 사람들의 눈에 띄지 않게 되었다.

1964년 어떤 사냥꾼이 어린 새끼가 두 마리 딸린 멕시코회색곰 가족을 발견하였다. 지구에서 마지막 남은 회색곰인 것을 알았지만 총으로 모두 쏘아 죽였다.

전 세계의 곰은 아직도 인간의 사냥감이 되고 있다. 오늘도 수많은 곰이 멕시코회색곰과 같은 운명에 처해있다.

## 숲을 거닐다

· 
· 
· 
· 
· 

 삼림욕이란 숲길을 걸으면서 나무가 내뿜는 향기로 숨쉬고, 살갗으로 흡수하는 목욕이다. 그 치유 효과가 뛰어나 녹색 목욕 또는 녹색병원이라고 불린다.

 사람들은 80여 년 전부터 숲의 치유력에 관심을 가져왔으며, 유럽의 여러 나라에서 숲속을 걷는 건강법 즉, 삼림욕이 오래전부터 일반화되어 있었다. 삼림욕이 건강에 좋은 이유는 식물이 자랄 때 잎에서 뿜어내는 테르펜 때문으로 알려져 있다. 테르펜(Terpene)은 식물이 뿜은 화학물질로 숲 향기가 난다.

 식물도 동물처럼 몸에 상처가 생기면 미생물에 의한 감염에 대비한다. 병원균에서 자신을 보호하고자 많은 항균물질을 분비하게 되는데, 이것이 테르펜의 일종인 피톤치드라는 물질이다.

 소나무에 흠집을 내면 송진이 흘러 상처 부위를 덮어 공기 중에 떠돌아다니는 세균에 의한 이차 감염을 막는다.

 피톤치드는 잎에 다량 함유되어 있고 계속 뿜어져 나오므로 숲을 거닐다 보면 몸 안팎의 해로운 균을 죽이고 호흡을 통해 폐로 들어가 호흡기 질환을 예방해주는 등 치유 효과가 있다지만, 무엇보다도 우리의 심신을 진정시켜 몸의 균형을 잡아주는 효과가 가장 크다고 한다.

성인남녀에게 숲 체험을 시키고 뇌파와 맥박, 혈압과 심리적 변화를 비교 관찰한 결과, 마음이 편안한 뇌의 안정기에서 나타나는 알파파가 2배로 증가하였으며, 혈압 또한 크게 낮아졌다.

삼림욕은 정서적 치유뿐만 아니라 긍정적 행동을 유도하기 때문에 우울증, 인터넷 중독, 가족관계 회복 등 다양한 분야에서 긍정적으로 활용될 수 있다.

숲속에 앉아 주변을 바라보거나 걷는 것만으로도 뇌의 전두엽이 활성화되어 오감의 능력이 회복되고 성취감과 모험심이 길러진다는 연구결과도 있다.

도시에 살면서 각종 스트레스와 소음에 몸과 마음이 오염된다. 오염된 몸과 마음이 스스로 치유되는 능력을 갖추도록 도와주는 것이 바로 숲이다.


### 산새와 숲의 협동작전

새소리를 듣고 있는 나무, 풀들은 어떤 상황을 느낄 수 있을까? 숲속에 새가 있다는 것은 새들의 먹이가 되는 벌레가 많다는 뜻이며, 이런 벌레들은 소중한 잎을 뜯어 먹을 수 있다는 끔찍한 정보를 식물에 알려준 것이다.

숲속에 사는 풀과 나무들은 새소리를 듣고 벌레들이 자신을 뜯어먹지 않게끔 몸에서 화학물질을 더 많이 생산하여 저장하거나 뿜어낸다.

**곤줄박이** Varied Tit
곤줄박이는 우리나라 산림성 조류를 대표하는 박새류에 속하는 새이며, 박새와 비슷한 생태를 가진다. (2021년 포천 도연암)

**여우** Korean red fox 멸종위기야생생물 1급
바이칼 호수에서 만난 여우. 우리나라에서는 멸종위기종으로 지정하여 보호하고 있지만, 바이칼 호수에서는 관광객이 남긴 밥을 먹으러 사람들에게 다가온다. (2019년 러시아 바이칼)

새소리를 틀어주면 농작물이 병에 걸리지 않고, 더 튼튼하게 잘 자란다는 과학적인 연구결과에는 이런 의미들이 숨겨져 있다.

나무는 새에게 도움을 요청하기도 한다. 애벌레가 잎을 갉아 먹으면 화학물질을 분비하여 자신의 몸을 갉아 먹고 있는 애벌레의 천적인 기생벌과 진드기를 불러 모은다. 이 때 산새들도 풀과 나무가 뿜어내는 냄새를 맡고 찾아와 벌레를 잡아먹는다.

더욱 신비스러운 것은 나무가 자신의 모습을 변화시켜 애벌레의 위치를 산새들에게 적극적으로 알린다는 것이다. 나무는 애벌레가 갉아 먹고 있는 잎의 엽록소를 줄여서 햇빛이 잘 투과되게 만든다. 이런 잎에서 활동하는 애벌레는 조금은 더 투명해진 나뭇잎 때문에 실루엣이 더 뚜렷해지면서 산새들의 눈에 잘 띄게 된다.

## 독을 품은 나무

·
·
·
·
·

 우리가 일상적으로 사용하는 '생존경쟁', '적자생존', '약육강식' 등의 단어들에서 생물들 사이엔 끊임없는 먹고 먹히는 전쟁이 일어나고 있음을 알 수 있다.

 식물은 자기 몸을 뜯어먹으러 오는 노루, 고라니와 같은 초식동물이 다가와도 도망갈 수 없어 꼼짝없이 당할 것 같지만 그렇지도 않다.

 식물이 자기 몸을 보호하기 위해서 흔하게 쓰고 있는 방법은 몸에 독을 지니는 것이다. 몸에 독을 품고 있으면 동물들이 뜯어먹지 못한다. 야생동물들은 독이 들어 있는지 모르고 조금 뜯어 먹으면 고통에 빠지게 된다. 고통을 느끼며 죽어가는 동물은 이 나무에 독이 있다는 정보를 숲속 친구들에게 알린다. 풀과 나무에 독을 가지고 있다는 것은 손쉽게 몸을 보호할 수 있는 가장 좋은 방법이다.

 그런데 이 경우에 해결하지 못하는 큰 문제가 남아 있다. 모든 풀과 나무가 제 나름대로 독을 품고 있지만, 독 기운이 약하다거나 독에 적응하는 동물들이 생기기 때문이다.

 우리가 한의원이나 한약방에서 지어 먹는 한약은, 사실 식물들이 자기 몸을 보호하기 위해서 품고 있는 독을 이용한 약이다. 이 독성물질을 '타감물질'이라 부른다. 독을 품고 있는 자신은 멀쩡한데 다른 이들은 독성을 느끼기 때문에 이런 의미를 담아 타감(他感)이란 용어를 쓰고 있다.

추석 차례상에 빠져서는 안 되는 것이 송편이다. 비교적 날이 온화한 추석, 냉장고도 없었던 예전에는 대가족이 나눠 먹을 많은 떡을 만들어 보관하는 것이 큰 문제였다. 살균력이 좋은 소나무 잎과 함께 찐 송편은 쉽게 상하지 않았다. 예쁜 아기가 태어나면 집안으로 아무나 들어오지 말라는 경고의 표시로 금줄을 친다. 금줄에 솔가지를 매단 것 또한 소나무의 살균기능의 도움을 받기 위함이었을 것으로 생각된다.

소나무는 자기 몸을 보호하기 위한 독으로 송진을 품고 있다. '송충이는 솔잎을 먹고 살아야 한다.'라는 속담이 있다. 소나무가 품고 있는 송진의 독에 적응한 것은 인간과 송충이뿐 다른 어떤 동물도 송진 때문에 소나무 잎을 먹지 못한다.

숲속에 사는 노루가 소나무 잎을 먹으면 솔잎 속에 가득 차 있는 고분자화합물인 송진 때문에 소화불량에 걸린다. 돈 한 푼 없는 노루는 인간에게는 흔하디흔한 소화제 한 알 못 먹어보고 생을 마감할 수밖에 없다. 우리가 송편을 해 먹는 소나무는 제 딴에는 무시무시한 독을 품고 있지만, 인간은 오히려 자신의 몸을 건강하게 하는 데 이용하고 있다.

## 면역력을 키우는 숲

에티오피아 마라톤 선수 '아베베'는 맨발로 달린다. 비싼 신발을 신고도 완주하기도 어려운 42.195㎞ 마라톤 코스를 맨발로 달려 1960년 로마 올림픽, 1964년 도쿄 올림픽에서 세계 신기록으로 마라톤 2연패를 이루며 '맨발의 마라토너'라는 칭호를 얻었다.

금메달의 기쁨도 잠시, 5년 뒤 아베베는 교통사고로 하반신이 마비되었다. 아베베는 절망하지 않았다.

다리 대신 두 팔로 일어설 수 있다며, 열심히 노력한 결과 양궁, 눈썰매 등을 배워 장애인대회에서 메달까지 땄다. 장애를 딛고 자신의 한계와 맞선 아베베는 많은 사람에게 용기를 주었다.

우리가 아베베처럼 맨발로 달리기를 한다는 것, 신발을 신지 않고 숲길을 걷는다는 것은 불가능한 일이다.

맨발로 태어나 평생 맨발로 숲속에서 살았던 시절보다, 우리의 발바닥은 매우 약해져 있다. 이렇게 약해진 몸을 가진 사람들이 반드시 찾아가야 할 곳이 숲이다.

숲을 산책하면 혈압이 내려가는 것으로 밝혀졌고, 스트레스 호르몬인 코르티솔의 농도가 낮아진다고 알려져 있다.

숲을 거니는 것은 별다른 도구가 필요치 않고 특별한 복장도 필요 없다. 다만 숲에서 많은 시간을 보내는 것만으로 지친 몸과 마음이 치유됨을 경험할 수 있다.

자연이 인류에게 준 최고의 선물인 숲은 인간에게 편안과 행복을 주었다. 의학이 발달하기 이전부터 마음의 병이 있거나, 질병을 앓는 사람들은 숲의 치유 효과를 경험해 왔다. 이 때문인지 아픈 몸을 이끌고 숲으로 자연으로 들어가는 사람들이 늘어나고 있다.

숲에 가면 숲 냄새가 난다. 나무가 뿜어내는 독특한 향보다는 흙냄새가 더 많이 난다.

흙냄새는 땅 위로 떨어진 나뭇잎이 흙으로 다시 돌아가는 과정에서 뿜어져 나오는 향기이다. 토양 미생물들이 건강하게 활동하고 있다는 증거이다. 땅속 착한 미생물이 숲을 위해 뿜어내는 항생 물질은, 우리 몸도 치유해 준다.

또한, 풀과 나무들이 자신을 지키기 위해 방출하는 피톤치드는 병균을 억제하고 신경을 안정시켜준다. 이러한 성분들이 중금속 같은 독성물질을 분해한다고 알려지면서 바이오산업에서 많이 활용하고 있다.

면역기능을 증진하는 'NK 세포'의 활성도를 조사한 결과, 삼림욕을 시작한 지 하루 만에 면역력이 향상했다는 연구결과도 있다. 이는 숲의 식물들이 외부로부터 자신을 지키기 위해 내보내는 피톤치드 등의 물질이 사람의 몸에도 좋은 효과를 나타낸 것으로 해석할 수 있다.

## 피톤치드(Phytoncide)

'피톤치드'란 단어의 의미로 보면 '식물이 만들어 내는 살균성 물질'이라고 설명할 수 있다. 숲에서 나는 향기의 주성분이며, 풀과 나무가 분비하는 휘발성 물질로 특유한 향을 품고 있다. 식물이 자기방어를 위해 생성하여 발산하는 물질이며, 항균, 방충, 냄새 제거, 탈취 등 다양한 기능이 있는 천연물질이다.

식물에서 분출되는 피톤치드의 치유 효과는 생활 속에서 다양한 방법으로 예로부터 활용되고 있었다. 더운 여름 떡을 보관할 때 떡갈나무나 청미래덩굴 잎에 싸는 것은 피톤치드의 항균 효과를 이용한 조상들의 지혜이다.

떡을 싸서 보관해서 떡갈나무라는 이름이 붙여졌고, 망개떡이라 불리는 떡이 있는데, 망개떡은 청미래덩굴의 잎으로 감싸서 떡을 찌기 때문에 붙여진 이름이다.

다른 동물들이 먹지 못하지만, 오직 누에(누에나방 애벌레)만 뽕나무 잎을 먹을 수 있다.

뽕나무에서 나오는 우윳빛 액체로 상처를 치료하는 민간요법도 피톤치드의 항균작용을 이용하는 것이며, 핀란드와 러시아에서는 약효가 있다고 알려진 나뭇가지로 몸을 두드리거나, 편백으로 만든 나무 욕조를 사용하는 것도 나무가 품고 있는 피톤치드의 치유 효과 때문이다.

피톤치드의 다양한 효과 중 특히 항균 효과와 면역력 증강 효과는 과학적으로 잘 증명돼 있다. 편백에서 추출한 피톤치드는 폐렴, 고열, 설사를 유발하는 레지오넬라균을 95% 살균하는 능력을 갖추고 있다. 병원에서 가장 큰 골칫거리인 항생제 내성 포도상구균도 50% 정도 살균하는 효과가 있다고 증명되었다.

나무와 풀이 가득한 숲이 치유 효과를 나타내는 것은 피톤치드가 우리 몸의 면역력을 높이기 때문이다. 나무가 자신을 지키기 위해 내보내는 다양한 종류의 피톤치드와 숲의 좋은 환경이 우리의 면역력을 높이는 것은 과학적인 사실이다.

국립산림과학원에서 소나무, 잣나무, 편백, 화백에서 방출되는 피톤치드를 닭장에 뿌린 후 뒤 2시간 동안 닭의 혈압을 측정하였다.

그 결과 나무에서 추출한 피톤치드 모두 5~7%가량 닭의 혈압 강하효과가 나타났다. 또 다른 동물실험에선 피톤치드가 최소 10%에서 최고 100%까지 나쁜 콜레스테롤의 합성을 저해하는 것으로 나타났다.

피톤치드는 우울증은 물론 고혈압, 비만, 골다공증 등을 유발할 수 있는 스트레스 호르몬 수치를 떨어뜨리는 효과도 큰 것으로 알려져 있다.

소나무, 잣나무, 편백, 화백에서 추출한 피톤치드를 뿌린 방 안에 넣어둔 쥐의 스트레스 호르몬 수치가 25~70% 감소했다는 연구결과도 있다.

피톤치드의 중추신경계에 대한 진정작용이 스트레스 호르몬 수치를 떨어뜨리며, 정상인뿐만 아니라 우울증 환자도 병원보다 숲에서 치료받을 때 스트레스 호르몬 수치가 더 잘 떨어진다고 알려져 있다.

피톤치드는 아토피 증상을 완화 시킨다는 사람들의 입

소문 또한 과학적으로 입증되고 있다. 피톤치드가 아토피의 주요한 원인 생물로 알려진 '집먼지진드기'의 번식을 억제하는 효과가 밝혀졌다.

그러나, 실제로 아토피 증상을 어떻게 완화하는지에 대한 증거는 부족하여 많은 과학자에 의해 계속 연구되고 있다.


## 하늘과 소통하는 - 나무

다양한 신비스러운 이야기가 담겨 있는 그리스 신화에도 숲과 나무에 관한 이야기가 있다.

그리스의 신화에는 항상 숲이 등장한다. 그리스인들이 신을 섬기는 장소와 제단은 모두 숲속에 자리 잡고 있었고, 어느 특정의 숲을 성스러운 장소로 지정하여 신을 숭배했다.

우리나라에도 다양한 전설이 나무와 함께하고 있다. 가장 나이가 많은 나무는 용문사 은행나무로, 1962년 천연기념물 제30호로 지정되어 국가의 보호를 받고 있다.

정확한 나이는 알 수 없지만 1,100~1,500살 정도 되었을 것으로 추정하고 있다.

신라시대 의상대사가 지팡이를 꽂은 것이 은행나무가 되었다는 등의 여러 가지 전설을 품고 있다. 고종의 강제 퇴위에 반대하는 정미의병이 발발했을 때에는 일본군이 용문사에 불을 놓았으나 은행나무는 불에 타지 않고 살아남았으며, 고종황제의 승하 소식에 큰 나뭇가지 하나가 부러져 피를 토했다는 이야기도 전해지고 있다.
　우리네 조상들은 나무 하나하나를 신성시하여 궁궐을 짓기 위해 큰 나무를 베어야 할 때는 극진히 제사를 지낸 후 나무를 베었다.

**향나무** Juniper
하늘과 소통을 원할 때는 나뭇가지를 잘게 잘라 불을 붙여 연기를 하늘로 올린다. 땅의 신에게는 오래된 향나무를 땅에 묻어 예를 갖추었다. (2017년 덕수궁)

궁궐의 기둥이나 왕족의 관으로 쓰일 나무를 벨 때는 벌채에 앞서서 우선 산신과 나무의 영혼을 달래 위령제를 지냈다. 그러고는 나무 앞에서 임금이 내린 교지를 펴들고 "어명이오!"를 외쳤다. 나무가 나라의 부름에 따라 큰 재목으로 쓰인다는 것을 숲의 모든 생명에게 알렸다.

**솟대**  Traditional Wooden Pole
민간신앙에서 하늘과 소통하는 나무 막대기로 경사가 있을 때 축하의 뜻으로 세우는 긴 대를 뜻한다. 삼한(三韓) 시대에 신을 모시던 장소인 소도(蘇塗)에서 유래한 것이라고 한다. 긴 막대 위에 오리 모형을 얹어 만든 솟대는 사람들과 마을의 안녕을 비는 상징물이다. (2003년 충남 서천)

나무는 하늘과 대지를 연결해 주는 신과 인간이 소통하는 유일한 통로라 믿어, 솟대를 세워 신과 소통하여 인간의 힘으로 해결할 수 없는 일에 대하여 신의 도움을 구하였다.

나무는 하늘의 기운을 땅으로 보내는 존재이다. 그래서 나무 그루터기에는 앉거나 올라서면 사람의 기운이 땅속으로 빨려들어 간다며, 그루터기에는 앉지도 올라서지도 않았다.

영화 '아바타'에 나오는 '영혼의 나무'는 판도라 행성에만 있는 것이 아니다. 충남 계룡산에 자리한 고찰 '갑사'에서는 매년 정월 초사흗날 '괴목 대신제'가 열린다.

갑사 입구에 자리를 잡은 터줏대감 느티나무에 새해의 계룡면 주민들이 무사 안녕을 빌며 올리는 제례는 수백 년 전, 갑사의 스님들과 주민들이 마을에 침입한 역병을 치유하기 위해 제사를 올린 것에서부터 시작됐다.

제사상을 받던 느티나무는 1,600년 정도 세월을 버텨 온 것으로 추정되며, 오래전 태풍으로 부러져 지금은 밑동만 남아 있지만, 아직도 공주시 계룡면의 '영혼의 나무'는 주민들의 마음과 하늘을 연결해 주고 있다.

## ♪ 멸종된 동물 이야기 ② - 괌큰박쥐 ♪

 괌큰박쥐는 날 수 있는 포유동물 중 가장 커, 몸무게는 1kg, 날개폭이 1.6m나 된다. 몸집은 크지만, 흡혈박쥐는 아니고 과일만 먹는 철저한 채식주의자로 온순하며 사교성 있는 동물이다. 채식주의 박쥐는 대서양과 인도양에 걸쳐 55종이 번성하였지만, 마리아나 제도 최남단의 작고 외딴섬인 괌에서 1종만이 살아남아 있었다. 괌큰박쥐는 날개를 가지고 있다는 점을 빼면 큰 눈을 가진 여우 같아 보인다.

 괌큰박쥐가 처음 만난 인간은 눈썹으로 의사소통을 하는 차모로 원주민이었다. 괌이 아름다운 관광지로 알려지면서 관광객 때문에 괌큰박쥐는 그들의 낙원을 잃어갔다. 불행하게도 괌큰박쥐는 인간에 대한 두려움을 배울만한 시간도 없었다.

 차모로족은 오래전부터 괌큰박쥐를 잡아먹어 왔으나 적은 수의 박쥐였다. 이 지역에서 가장 훌륭한 요리재료로 자리 잡은 괌큰박쥐는, 1968년 마지막으로 레스토랑 식탁에 오르게 되었다. 채식성 과일박쥐를 보호하려는 법적인 조치가 있었지만, 괌큰박쥐는 인간의 끊임없는 식탐에 1974년 멸종되었다.

# Ⅱ. 상생의 숲

**스펑트리** Spung Tree
천년 사원과 한 몸이 되었다. 나무를 베면 사원이 무너지고, 나무를 살려두면 인류 문화유산의 미래가 보장되지 않는다. (2017년 캄보디아)

## 자연처럼 함께 살아가기

·
·
·
·
·

　과학기술의 눈부신 발달로 4차 산업혁명의 꿈과 환상으로 뒤덮여 있지만, 지구에 다가올 날은 어둡기만 하다.
　지구에서는 1년이면 1억 명씩 인구가 늘어나고 있으나 다른 생물들은 매년 5만 종씩 멸종하고 있다. 이러한 추세라면 30년 이내에 생물의 25%가 지구상에서 사라져 버릴 것이다. 인류는 몇 번째 줄에서 멸망을 기다리고 있는 것일까?
　지구에서 인간이 활개를 치던 짧은 시간 동안 함께 살던 생명에겐 무슨 일이 일어난 것일까? 우리가 흔히 알고 있는 농약, 중금속 따위의 문제는 젖혀두고라도 인간과의 불화, 혹은 인간의 사랑을 너무 많이 받은 덕분에 우리 주변의 생물들이 지구에서 사라지고 있다.
　지구역사 46억 년 동안 인간처럼 거대한 몸집을 가진 잡식동물이 이 지구에서 살았던 적이 없다.
　 지구에 사는 생명은 80억 인간에 의해 몸살을 앓고 있다. 대한민국도 예외일 수 없다. 금수강산이라 불리던 한반도는 다양한 동물들의 삶의 터전이었다. 그러나 겨울이라는 계절은 사람이나 숲을 터전으로 살아가는 동물들에게도 어려운 시간이었을 것이다.

농사를 짓던 사람들도 겨울이 되면 모두 사냥꾼이 되었고 먹이를 찾아 헤매던 동물들은 사람의 사냥감이 되고 말았다. 한반도의 인구가 적었던 시절에는 문제가 없었지만, 인구 증가로 야생동물들이 살아갈 터전을 잃게 된 것이다.

동물의 멸종을 가속한 것은 "총"의 발명이다.

화살이나 창으로 사냥하던 시절은 실패율이 높아 그나마 다행이었는데 총의 사용은 사정이 달랐다. 전문 사냥꾼은 가장 듬직하고 보기 좋은 놈을 골라 쏘았다.

총알은 어떤 문제를 일으켰을까? 동물들의 우두머리를 죽인 것이다.

우두머리를 잃은 동물들은 우왕좌왕, 뿔뿔이 흩어져 오합지졸이 되고 결국은 하나둘씩 죽어가고 결국은 한 무리가 모두 전멸하게 되는 것이다.

총을 가진 인간의 욕망은 계속 커져만 갔다. 오죽하면 신에게 도전하는 바벨탑을 쌓았을까?

한반도에서는 호랑이, 여우, 늑대, 곰 등이 한민족이 가장 처참하고 배고픈 시절이었던 일본강점기, 한국전쟁을 거치며 자취를 감추었다.

호랑이, 곰, 여우, 늑대는 사람을 해치기 때문에 잡아 없앴다고 변명할 수 있겠지만 크낙새는 왜 사라진 것일까? 그 이유에 대하여 정확히 아는 사람은 없다. 다만 몸집이 30cm 정도 되는 크낙새가 구멍을 파 둥지를 지을 만한 나무가 없어져서라던가 아니면 환경오염 때문이라 막연히 추정하고 있다.

생물의 멸종은 약한 종부터 시작하여 점차 강한 종으로 순서를 옮기므로, 인간도 피할 수 없을 것이다.

생물을 보호하고 인간의 생존을 위해서라도, 왜 이들이 우리를 떠나고 있는가에 대한 정확한 조사가 필요하다.

**점박이물범** Spotted Seal 멸종위기야생생물 2급
1940년대 약 8천 마리가 살아 있었다고 전해진다. 서식지 파괴와 밀렵 때문에 개체수가 매년 줄어들고 있다. (2018년 백령도)

## 대한민국 '다람쥐' 전 세계로 수출

 1962년 4월에 우리나라 다람쥐 2,000마리를 일본으로 수출한 것을 시작으로, 대한민국에서 매년 약 30만 마리의 다람쥐가 한국 사람들에게 잡혀 세계로 수출되었다. 당시 1마리에 약 1달러, 매우 비싼 가격에 팔리기도 하였고, 2달러 40센트까지 가격이 오르기도 하였다.
 우리나라 다람쥐와 비슷한 종류는 북미대륙에 2종, 한국을 중심으로 1종, 총 3종의 다람쥐류가 살고 있다. 1960년대 한국에만 약 400만 마리의 다람쥐가 살고 있었을 것으로 알려져 있다.
 일본에도 적은 수가 살아남아 있었다. 그러나 일본에서는 포획이 법으로 금지되어 애완용 다람쥐를 한국에서 엄청나게 수입했다.
 대한민국 다람쥐는 유럽에도 애완동물로 인기가 높아져, 1970년대에는 약 30만 마리가 유럽 여러 나라에 수출되었다.
 1993년 워싱턴협약(CITES: 멸종 위기에 처한 야생 동식물종의 국제거래에 관한 협약)에 가입한 뒤 다람쥐의 수출이 우리나라에서 금지되었다.
 그러나 외국 애완동물 시장에서는 대한민국 다람쥐를 어렵지 않게 볼 수 있고, 아직도 애완동물로 인기가 식지 않고 있다.

## 근거 없는 민간요법

·
·
·
·
·

이 이야기는 우리나라만의 얘기가 아니다. 우리와 함께 살아가는 생명의 생존을 위협하는 괴상한 이야기, 바로 '정력제'란 소문의 근거 없는 민간요법이다.

전 세계 사슴뿔의 95%를 한국인이 소비한다는 창피한 진기록을 가지고 있으며, 우리나라에서 최고의 정력제로 알려진 뱀 종류는 거의 멸종 위기에 처해있다. 1999년 환경부에선 뱀을 잡지 못하게 법까지 만들었다.

수컷 한 마리가 암컷 20~30마리를 거느린다는 산양, 최음 효과가 있다는 사향노루, '웅담'이라 불리는 곰쓸개 등 정력제로 알려진 동물들은 이미 국내에선 보기 힘든 존재가 되었다.

그러나 우리나라 사람들은 외국으로 나가서까지 이런 동물을 먹고 다니며 나라 망신을 시키고 있다.

겨울철 다람쥐의 식량이 되는 도토리를 사람들이 다 주워가 다람쥐는 먹을 게 없다. 게다가 산속에 유기된 개와 고양이는 다람쥐와 산새를 잡아먹는다. 그래서인지 요즘 산에 가도 다람쥐 구경도 힘들다.

이런 현상은 야생동물뿐 아니라 식물에도 일어나고 있다.

1988년에는 쇠뜨기, 1989년에는 겨우살이, 1999년은 민들레가 수난을 당하더니 2000년에는 닭백숙 해 먹는다고 산속 음나무는 껍질이 벗겨지고 가지가 잘려 다 말라 죽었다.

　느릅나무가 몸에 좋다는 방송이 나온 후 산속에 껍질 벗겨져 죽은 나무는 모두 느릅나무이며, 방송을 몇 번 탔던 가시오갈피는 야생에서 마구 채취되어 환경부에서 멸종위기종으로 지정하여 보호하고 있다.

　식물의 경우는 또 다른 문제가 있다. 추운 겨울을 이겨내고 겨우겨우 싹을 틔워 아름다운 꽃을 피워낸 우리의 들꽃은 멀리서 벌, 나비를 유혹해 꽃가루받이해야 씨를 맺는다.

　사람들은 버릇처럼 식물의 소중한 생식기관을 꺾어 냄새를 맡고, 머리에 꽂고 다니는 엽기적인 행동을 한다. 그러다 시들면 던져 버린다.

　생식기관을 잃은 우리의 들꽃은 자식 농사 한번 제대로 못 해보고 그렇게 일생을 마감하는 것이다.

　환경오염, 중금속, 폐수, 매연만 막아낸다고 이 국토가 올바르게 되지 않는다.

　개개인이 잘못된 생각을 가지고 행하는 잘못된 행동 하나하나가 생태계에 막대한 영향을 미치는 시대인 것이다.

　일석이조(一石二鳥)란 단어가 생겨나기까지 얼마나 많은 새가 돌에 맞아 죽어갔을까? 자연을 따라가면 길을 잃지 않는다. 우리가 생각을 바꿔야 할 때이다.

# 나는 여섯 번째 멸종 시대에 태어났다.

·
·
·
·
·

 지구 생명의 역사 중 지난 46억 년 동안 다섯 차례의 큰 위기가 있었고 이것을 우리는 '대멸종'이란 사건으로 부르고 있다.

 지구에서 대멸종은 총 5번 발생하였으며, 지구에서 살던 생물의 75% 이상이 사라져 버린 생물의 역사에서 가장 잔혹한 시기였다.

 첫 번째 대멸종은 4억4천만 년 전 오르도비스 말기에 일어났는데, 심각한 빙하기로 지구의 모든 물이 얼음이 되었다. 많은 바닷물이 얼음이 되니 해수면이 약 100m 정도 낮아졌고, 지구 생물 중 대다수를 차지하던 해양 생물종의 60~70%가 멸종되었다.

 두 번째 대멸종은 3억6천만 년 전 데본기 말에 발생한 사건으로, 기후변화로 얕은 바다에 서식하던 생물이 큰 타격을 받아, 산호처럼 연안에 사는 70%의 생물이 사라졌다.

 세 번째 대멸종은 2억5천만 년 전 페름기 말에 발생했는데, 지구에서 생명이 탄생한 이후 가장 큰 규모의 멸종으로 기록되어있다.

 시베리아에서 화산이 폭발해서 대기 중으로 엄청난 이

산화탄소가 분출되어 지구의 온도를 6℃나 올렸다. 지구의 온도가 올라가자 심각한 기후변화로 지구 역사상 가장 끔찍하고 가장 거대한 생물의 대멸종이 일어났다. 세 번째 대멸종 사건은 우리가 현재 겪고 있는 기후위기와 매우 비슷한 과정이라는 것을 지구인들이 알아야 한다.

네 번째 대멸종으로 2억 5천만 년 전 트라이아스기 말에 일어났다. 이 역시 또 다른 화산 분출로 인한 것이었으며 생물종 약 75%가 사라졌다.

공룡이 멸종했던 다섯 번째 대멸종은 6천500만 년 전 백악기에 발생하였으며, 인도 지역에서 대규모 화산 분출이 발생한 직후 멕시코에서 거대한 소행성 충돌이 있었다는 가설이 가장 유력하다.

다섯 번째 대멸종 시기에 공룡과 암모나이트 등이 멸종, 대멸종으로 비어 있는 자리에 포유류가 번성하기 시작하였다. 현 인류의 조상들도 조그마한 귀퉁이에 조용히 자리를 잡고 있었다.

다섯 번의 큰 사건을 통하여 우리가 상상할 수도 없는 많은 생물이 지구에서 사라졌지만 슬퍼하고 대성통곡할 일만은 아니다.

대멸종 사건을 통하여 사라진 생물의 빈자리를 채우기 위하여 생물은 폭발적인 진화를 하였고 그 결과 새로운 생물이 지구에 태어나 빈틈없이 채워졌기 때문이다.

어쩌면 우리 인간도 다른 생물의 멸종을 딛고 태어난 존재였다.

우리가 사는 이 시간을 '제6의 멸종의 시대'라 말하고 있다. 인간 스스로가 지배자라 믿고 있는 이 지구에서 많은 멸종이 일어나고 있다.

여섯 번째 대멸종은 지금까지 일어났던 5번의 멸종과는 확연한 차이를 나타내고 있다. 멸종 속도가 지구 역사상 가장 처참했던 페름기에서 트라이아스기를 거치는 과거 대멸종 때 보다 1만 배 빠르게 진행되고 있다.

다섯 번째 멸종까지 멸종의 원인은 자연적이었거나 우연한 사고였지만, 여섯 번째 멸종 원인은 바로 '인간' 그 자체이다. 우리 스스로가 만든 여섯 번째 대멸종 시대의 인류는 지구에서 사라질지도 모른다.

**큰고니** Wooper Swan 멸종위기야생생물 2급
과거 겨울철 대표적인 사냥감이었으며, 멸종을 우려할 만큼 개체 수가 급격히 줄어들고 있다. 우리나라에서는 천연기념물과 멸종위기종으로 지정하여 국가의 보호를 받고 있다.
(2015년 중국 웨이하이)

# ♪ 멸종된 동물 이야기 ③ - 숀부르크사슴 ♪

 태국의 고유종이었던 숀부르크사슴은 가족무리를 지으며 풀과 관목이 우거진 습지에 보금자리를 틀었다.
 아름다운 뿔을 가지고 있었는데, 바깥쪽 뿔은 90㎝까지 자라고, 30여 개 가지로 뻗어 자연이 만든 위대한 예술품이 되었다.
 사람들은 사슴의 보금자리인 습지를 빼앗아 쌀, 목재, 천연고무를 생산했다. 농부들은 사슴을 총으로 쏘아 죽였다. 농작물을 먹어치우는 성가신 동물을 죽이고 고기와 멋진 뿔을 얻을 수 있었기 때문이었다.
 보금자리인 습지에서 쫓겨나 자신의 몸에 잘 맞지 않는 숲속으로 몸을 피해야만 했다. 야생에서 마지막으로 생존했던 숀부르크사슴은 사람을 피해 몸을 숨겼던 숲속에서 총에 맞았다.
 마지막 남은 한 마리가 독일 베를린 동물원에서 사육되고 있었으나 1938년에 철창 안에서 생을 마감했으며, 지구에서 볼 수 없는 존재가 되었다.
 인류에게 남겨진 것은 2~3개의 연구용 두개골과 한 개의 박제, 장식용으로 남겨졌던 몇 개의 뿔이 전부이다. 뿔이 조금만 덜 아름다웠더라면 좀 더 오래 살아남을 수 있었을 것이다.

## 잡초에도 희망을

- 
- 
- 
- 
- 

 움직임이 많은 동물과 달리 식물은 땅에 뿌리를 내리고 정착 생활을 하며, 고유한 환경 조건에 맞게 살아가고 있다. 자연적인 이동이 어려우므로 나라마다 특색있는 식물 자원을 가지고 있다. 우리의 산야에서 흔히 볼 수 있는 식물이라도 외국에서는 볼 수 없는 것이다.

 야생화는 철마다 각양각색의 꽃을 피워 우리의 마음을 달래준다. 한민족과 함께 한반도를 지키며 꿋꿋이 살아온 '한국의 야생화'는 독성이 강한 것이 없어 식용 혹은 약용으로 쓰이고 있으며 생필품을 만드는데 다양하게 이용되었다.

 '한국의 야생화' 이름은 정겹기도 하고 촌스럽기도 하고 혹은 입에 올리기 민망한 이름도 가지고 있다. 꽃 이름 하나하나에는 조상들의 애환이 전설로 전해지며, 이름만 들어도 그 쓰임새를 알만한 것들도 많다.

 고달픈 며느리를 떠올리게 하는 '며느리밥풀꽃', 스님의 머리를 닮았다는 '중대가리풀', 떡을 싸서 보관했던 '떡갈나무', 이외에도 개불알풀, 쥐오줌풀, 애기똥풀, 개똥쑥 등과 같은 너무나 정겨운(?) 이름의 야생화들이 한민족의 애환이 담긴 전설과 함께 살아가고 있다.

우리나라 사람들은 주변에 흔한 야생화에 고마움이나 부족함을 느끼지 못하고 살아왔다. 그 덕분에 한민족과 함께 살아왔던 '한국의 야생화'는 한반도를 떠나게 되었고 한반도를 떠난 우리의 야생화는 결국 지구를 떠나 그 이름만 남게 되었다.

우리나라의 식물연구 역사 또한 너무 비참하다.

선조들이 오래전부터 야생화에 관한 관심을 가지고 연구 해왔다. 그러나, 일제 강점기 '나카이(Nakai)'란 일본 식물학자에 의해 세계 족보에 올려져 우리나라 야생화에 관한 정체성의 증거가 되는 식물표본은 일본 동경대 박물관 어두운 창고에서 보관중이다.

결국, 우리나라는 일제 강점기에 빼앗겼던 국토와 문화는 되찾았는지 몰라도 야생화에 대한 권리는 영원히 잃어버렸다.

게다가 1970년대까지 미국을 비롯한 여러 선진국은 한국의 야생화를 허락 없이 마구잡이 채집해 갔으며, 우리 땅에서 채집한 식물을 관상용으로 개발하여 막대한 돈을 벌어들이고 있다.

우리에게 너무 흔한 것이었기 때문에 특별한 관심을 가지지 않고 있다가 외국에 전부 빼앗기고 만 것이다.

"3일 동안 물에 담가 놓으면 못 먹는 식물이 없고, 발달린 것은 책상과 의자 빼곤 다 먹는다"라는 말이 있다.

배고파서 산나물을 먹는 시대는 아니다. 그러나 이른 봄 일부 등산객들은 산나물 뜯는 재미에 등산하러 다니고 산에서 내려올 때 이것저것 한 보따리씩 들고 내려온다.

이른 봄 산나물은 식물의 새싹이다. 추운 겨울을 이겨내고 언 땅을 녹여가며 겨우겨우 싹을 틔워 놨는데 사람들이 싹둑싹둑 잘라 간다면 식물로서는 정말 미칠 노릇일 것이다.

외래식물인 '돼지풀'을 몸에 좋은 '인진쑥'이라고 잔뜩 뜯어가는 사람도 보았다. 추석 무렵에는 송편 만든다고 우리나라 소나무가 아닌 외국에서 들어온 '리기다소나무' 잎을 따는 사람도 있다.

잘 알지도 못하면서 확인도 않고 산에 있는 것이라면 무조건 몸에 좋다는, 자연산이라면 건강에 좋을 것이라 맹신을 하는 사람들이 점차 늘어가고 있다.

몸보신을 위한 괜한 욕심, 자기네 나라의 풀과 나무도 못 알아보는 무지함, 인터넷에 떠도는 거짓 정보 때문에 '한국의 야생화'들은 수난을 당하고 국토는 고유의 야생화가 보이지 않는 황량한 땅이 되어가고 있다.

이때 국토의 빈틈을 이용하여 침투한 종들이 있으니 이를 '귀화식물' 혹은 '외래식물' 이라 한다. 귀화식물은 원래 우리나라에서 살지 않는 식물로 외국에서 들어와 우리나라 꽃들을 밀어내고 자리 잡은 식물을 말한다.

이름만 들어도 외국에서 온 것을 알 수 있는 '코스모스'를 보며 고향을 떠올리는 사람들이 생기고, 흔하던 '민들레'는 찾아볼 수도 없을 만큼 귀한 꽃이 되었다. 그 대신에 '서양민들레'가 우리 국토를 덮어가고 있다.

그까짓 작은 꽃 몇 포기 없어진다고 하여 뭐 그리 난린가 할 것이지만, 식물은 지구의 모든 생물을 먹여 살리고 있는 '생태계의 1차 생산자'이다.

**깽깽이풀** Twinleaf
한반도 특산종으로 개미가 씨앗을 물어 옮긴다. 약재나 관상용으로 남획되어 자연상태에서 찾아보기 어렵다. (2020년 경기도 안산)

식물이 없으면 이 지구상의 동물이 존재할 수가 없다. 곤충들이 알을 낳을 곳이 없어지며 애벌레의 먹이가 없어진다.

곤충이 없어지면 불행은 여기서 끝나지 않는다. 곤충이 없어지면 식물은 꽃가루받이할 수 없고, 자손을 퍼뜨릴 수 없게 되는 악순환이 계속되어 결국에는 지구에서 모든 생물이 사라지게 될 것이다.

우리 꽃 우리 풀에 대한 자부심, 애정 어린 관심이 금수강산을 살리고 지구를 살릴 수 있는 유일한 방법인 것이다.

**대청부채** Vesper iris 멸종위기야생생물 2급
1983년 대청도에서 처음 발견. 관상용으로 남획되어 대청도 자생지에서도 개체수가 급감하고 있다. (2018년 대청도)

## 나무 부자 대한민국

우리나라에는 몇 종의 식물이 살고 있을까?

국립생물자원관에서 발표한 "국가표준 식물목록"에 따르면 우리나라에는 총 14,714종류의 식물이 살아가고 있는 것으로 밝혀졌다.

사람들이 심고 가꾸는 재배식물이 10,360종류(70.4%), 한반도에서 태어나 스스로 삶을 이끌어나가고 있는 자생식물은 3,940종류(26.8%)이며, 외국에서 들어와 우리나라에서 자리 잡고 사는 외래식물은 414종류(2.8%)이다.

우리나라에서 나고 자라 스스로 삶을 유지하는 자생식물은 다른 나라와 비교해 보면 우리나라는 약 4,000여 종으로 덴마크 1,500여 종, 영국 2,000여 종에 비하면 다른 나라보다 무척 많은 식물이 살아가고 있음을 알 수 있다.

특히 좁은 국토를 생각하면 매우 높은 밀도로 다양한 식물을 가진 우리나라는 식물재벌임을 알 수 있다.

다양한 식물 중 전 세계에서 우리나라에서만 볼 수 있는 고유종은 450여 종류나 된다니 한반도는 자연의 축복을 받은 평화로운 땅이다.

## 한민족이 제일 좋아하는 나무

한민족이 소나무를 좋아한다는 증거는 "남산 위에 저 소나무... ..."라는 애국가 가사에 잘 나타나 있다.

"한민족은 소나무와 함께 태어나 평생을 소나무와 살다가 소나무와 함께 죽는다."라는 말이 있을 정도로 한민족의 소나무 사랑은 유별나다.

어떻게 소나무와 함께 태어나고 죽을 수 있을까? 옛 조상들은 아기가 태어나면 외부인의 출입을 금하는 '금줄'을 밖에서 잘 보이는 대문 중앙에 매었다. 아들이 태어난 것을 자랑하려 큼직한 고추를 매달기도 했지만, '금줄'을 맬 때 빠지면 안 되는 것이 바로 솔가지였다.

소나무는 살균력이 강해 식초나 기름 같이 쉽게 변질하는 것은 병에 담아 주둥이에 솔잎을 뭉쳐 막아 놓았다.

금줄에 솔가지를 매단 것 또한 소나무의 살균기능의 도움을 조금이나마 받기 위함이었을 것으로 생각된다.

소나무의 도움을 받아 건강하게 자란 아이는 집을 짓고, 농기구를 만들고, 불을 지피는 데 소나무를 이용하며 살았다.

힘든 농사일을 마치고 소나무 그늘에서 낮잠을 청하는 행복한 삶을 살았을 것이다. 죽어선 관을 만들어 소나무를 무덤까지 가지고 갔다.

소나무는 건축재, 땔감 등 조상들의 생활 속에서, 없어서는 안 되는 매우 중요한 자원이었다.

우리 주변에 가장 흔한 나무는 소나무이고 마을 뒷산은 모두 소나무 숲으로 둘러싸여 있었다.

우리나라에 원래 소나무 숲이 많았던 것은 아니다. 사람들이 숲을 밭으로 만들었는데, 비옥한 곳은 나무를 베어 밭으로 만들었으나 척박한 곳에는 밭을 만들지 않았다.

그 결과 척박한 곳에서도 잘 자라는 생명력이 강한 소나무는 '마을 숲'으로 남겨지게 된 것이다.

소나무가 우리 조상들에게 쓰임새가 많았던 또 하나의 이유는 자기 몸을 보호하기 위한 독한 송진을 품고 있기 때문이다. 소나무에는 송진이라는 특수한 물질이 있으므로 송충이라 불리는 솔나방 애벌레 밖에 솔잎을 먹지 못한다. 다른 동물은 송진 성분 때문에 솔잎을 먹어도 소화를 시킬 수 없기 때문이다. 오랜 진화과정 동안 적응된 송충이는 사람들과 함께 소나무를 먹으며 살아왔다.

송진은 소나무가 살아가는데 여러 용도로 사용되는 물질이다. 소나무에는 송진이 지나다니는 '수지도'란 관이 마치 사람의 핏줄처럼 온몸에 퍼져 있다. 동물이 상처를 입으면 피가 나오듯이 소나무도 상처를 입으면 송진이 몸 밖으로 나오게 된다.

사람이 상처에서 피가 나온 뒤, 딱지가 생기는 것과 같이 소나무 몸에서 나온 송진은 딱지처럼 상처 부위를 감싸 세균에 의한 2차 감염을 막아준다.

우리나라 사람들에게 다양한 용도로 쓰인 소나무에는 여러 이름이 붙여져 있다. 해안가 방풍림으로 자라는 곰솔은 나무껍질이 검은색을 띠기 때문에 흑송(黑松) 혹은 해송(海松)이라 불리며, 산에서 자라는 소나무는 껍질이 붉은색을 띠기 때문에 적송(赤松)이라 불린다.

경북 봉화군 춘양면에서 자라는 춘양목은 나무가 곧게 자라며 재질이 좋기로 유명하여 궁궐을 지을 때나 양반집 대들보로 쓰였다.

멋진 소나무를 생각하면 기암절벽 위에서 자라는 구불구불한 소나무를 생각하는 사람들이 많다.

그러나 조상들이 최고로 치던 소나무는 곧고 웅장한 춘양목이었다. 춘양목은 곧게 자라기 때문에 수천 수백 년 동안 우리나라 사람들이 집을 짓는 데 사용해 왔다.

그래서 곧게 자라는 춘양목은 점점 더 귀해지고 집을 짓는데 사용할 수 없는 구불구불한 소나무만 남게 되었다.

"굽은 나무가 선산을 지킨다."라는 말처럼 베어지지 않고 살아남은 굽은 소나무는 자기네끼리 꽃가루받이를 하여 구불거리는 자손을 만들어 한반도에 퍼뜨리게 되었다.

결국, 곧게 자란 춘양목보다 경제성이 없는 구불구불 소나무만 남게 된 것이다.

생물이란 오랜 진화의 과정을 거쳐 환경에 가장 적응된 상태로 살아남아 자손을 퍼뜨리고 종족을 유지하게 된다.

그러나 아주 오랜 기간을 두고 아주 천천히 일어나는 진화의 과정에 인간이 개입하게 되면 이상한 일이 벌어진다. 자연선택의 방향과 무관하게 진화가 진행되어, 구불구불한 소나무가 한반도를 덮어버린 것과 같은 현상이 나타나게 되는 것이다.

이런 현상을 '자연선택'에 대하여 '인위선택'이라 한다. 사공이 많으면 배가 산으로 가듯 인간이 개입하면 어떤 괴물을 만들지 아무도 예상할 수 없다.

**소나무** Pine Tree
척박한 환경을 좋아해 바위틈에서도 잘 자란다. 천연기념물 제 352호 '속초 설악동 소나무' (2015년 강원도 속초)

## 무궁화는 아직 나라꽃이 되지 못하였다.

 애국가를 통하여 한국인의 무궁화 사랑을 짐작할 수 있다. 흔히 무궁화를 대한민국의 나라꽃으로 알고 있지만, 무궁화는 법으로 정해진 나라꽃이 아직 못되었다. 즉, 합법적인 나라꽃은 아니다. 다만 대다수의 한국 사람들이 아무런 의심 없이 무궁화를 나라꽃으로 생각하고 있을 뿐이다.

 무궁화를 '샤론의 장미(Rose of Sharon)'라 부르고 있으며 성경에 등장하는 꽃이다.

 그러나 성경에 쓰인 '샤론의 장미'는 무궁화가 아니고 무궁화와 생김새가 아주 비슷한 접시꽃의 한 종류로 히브리어로 쓰인 구약성경이 그리스어로 번역될 때 무궁화와 혼동되었을 가능성이 크다는 주장이 있다.

 우리나라에서는 기원전 4세기경 삼한 시대에 쓰인 '산해경(山海經)'에 무궁화가 등장한다.

 현재 무궁화로 짐작되는 '훈화초(薰華草)'라는 꽃이 군자의 나라인 한반도에 자란다고 쓰여 있다.

 신라 효공왕 때와 고려 예종 때 외국에 보내는 국서에 우리나라를 무궁화의 고향, '근화향(槿花鄕)'이라 표현한 만큼 무궁화가 많이 피어 있었다고 한다.

 결론적으로 무궁화는 신라 시대 고려 시대 때부터 우리나라에 많이 자라고 있었으며, 고려 시대에도 나라를 대표하는 꽃으로 인식되었다.

 일제의 '조선총독부 고등경찰사전'에도 한국인의 무궁화 사랑에 대하여 많은 기록이 남아 있다.

조선 시대 효종 임금을 위하여 평생 충성한 고산 윤선도는 왕을 향한 일편단심을 '무궁화'라는 시에 담았다.


무궁화 / 고산 윤선도

오늘 핀 꽃이
내일까지 빛나지 않는 것은

한 꽃으로 두 아침 햇살 보기가
부끄러워서이다.

날마다 새 해님 향해
고개 숙이는 해바라기만 있다면

세상의 옳고 그름을
누구 있어 분별하리.


역사학자 이홍직의 1963년 '국어대사전'을 편찬하면서 나라꽃 무궁화에 관한 이야기를 책에 담았다.
"무궁화는 구한국 시대부터 우리나라 국화로 되었는데 국가나 일개인이 정한 것이 아니라, 국민 대다수에 의하여 자연발생적으로 그렇게 된 것이다. 우리나라를 예부터 '근역' 또는 '무궁화 삼천리'라 한 것으로 보아 선인들도 무궁화를 사랑하였음을 짐작할 수 있다."라고 기록하였다.

끊임없이 새로운 꽃을 피우는 모습이 우리 민족의 강인한 성격을 닮았다 하여 1900년경 애국가 가사가 만들어질 때 후렴으로 "무궁화 삼천리 화려 강산"이 들어가면서부터 국민에게 나라꽃으로 널리 알려지게 되었다.

그러나 해방 이후부터 무궁화에 대한 시비가 끊이질 않았으며 1956년 한국일보에 '무궁화 부적격론'이 아래와 같은 요지로 기사화되기도 하였다.

①자생지가 전국적이지 않고 주로 중부 이남에 분포 ②원산지가 인도로 알려져 외래식물 ③진딧물이 많이 붙고 꽃이 빨리 시들어 떨어짐 ④휴면기가 너무 길고 봄에 싹이 너무 늦게 돋는다는 4가지 이유를 제시하였다.

이 기사는 당시 모든 국민이 관심을 두고 지켜본 '나라꽃 논쟁'의 시초가 되었다.

조선 시대에는 이화(배꽃 혹은 오얏나무 꽃)에 잠시 밀려났다가 일제 강점기부터 다시 우리나라 꽃으로 다시 등장하였으나 나라꽃에 대한 혼란은 계속되고 있으며, 무궁화는 나라꽃으로 완전히 자리 잡지 못하고 있다.

빨리 나라꽃 법이 제정되어 나라꽃이 없는 국민에서 벗어나길 기원해 본다.

## 겨울을 상징하는 동백나무

겨울을 상징하는 꽃으로는 동백꽃을 떠올리기가 쉽다. 동백나무는 차나무과에 속하는 상록활엽수로 한자로는 동백(冬柏), 산다화(山茶花)라 표기하며, 우리나라에서는 동백나무로 부른다.

동백나무는 다른 식물들이 활동하지 않는 겨울에 강렬한 불꽃 같은 붉은색 꽃을 피우다가 봄이 되어 다른 나무들이 꽃을 피우기 시작하면 그 계절을 양보하고 꽃을 통째로 떨구기 시작한다.

**동백나무** Camellia
꽃봉오리째 떨어지는 동백나무 (2014 경남 하동)

옛사람들은 동백나무 망치를 만들어 귀신을 쫓거나 병마를 막는 데 이용하였다. 동백나무 망치를 마루에 걸어 놓으면 귀신이 집으로 들어오는 것을 막을 수 있다고 생각했었다.

 일본에서는 전염병이나 재난을 막기 위해 이 망치를 허리에 차는 풍속이 있다고 한다. 또한, 전염병을 옮기는 귀신이 동백나무 숲에 숨어 있다가 꽃이 질 때 함께 떨어져 죽는다는 미신도 전해 온다.

 동백나무 꽃은 싱싱한 꽃봉오리째 뚝뚝 떨어진다. 그래서인지 애절한 마음을 동백꽃에 비유한 시와 노래가 많다.

 동백꽃이 떨어지는 모습이 사람의 머리가 뚝 떨어지는 것과 같다 하여 병문안에 가지고 가지 않았다.

 일본에서는 사람의 머리가 잘려 떨어지는 모습 같다며 동백꽃이 통째로 떨어지는 것을 춘수락(椿首落)이라 하여 불길함을 상징하는 꽃으로 여겼다.

 그러나 우리나라에서는 동백나무는 많은 열매를 다는 까닭에 다산의 상징이 되었고 자손이 귀한 집안에 임신을 돕는다는 믿음도 있었다.

 그런데 벌과 나비가 날아다니지 않는 겨울에 꽃을 피우는 동백나무는 어떻게 꽃가루받이를 할까? 추운 겨울 동안은 벌, 나비와 같은 곤충들이 날아다니지 않는다. 그러나 동백나무의 꿀을 좋아하는 아주 작고 귀여운 '동박새'라는 새가 있어 꽃가루를 옮겨주어 열매를 맺게 하여 준다.

**동박새** White-eye
동백나무 꽃가루를 옮겨주는 동백꽃 단짝 (2015년 전남 광양)

　추운 겨울 적당한 먹잇감이 없는 동박새에게 동백나무 꽃꿀은 더할 나위 없이 좋은 먹거리가 되어줄 것이다. 동박새와 동백꽃은 서로에게 도움을 주며 살아가는 공생관계인 것이다.
　동백나무는 재질이 단단하여 얼레빗, 다식판, 장기알 등 다양한 생활 용구의 재료로 사용되어왔으며, 열매에서 짠 기름으로는 어두운 밤 등불을 밝히고 옛 여인의 머릿결을 지켜주는 머릿기름으로 쓰였다.

## 대통령의 나무

김대중 대통령의 당선과 더불어 명성을 얻게 된 인동초(忍冬草), 인동초란 이름으로도 불리지만 정식 이름은 '인동덩굴'이며, 풀이 아닌 나무이다.

겨울철에도 양지바른 곳에선 겨울 동안 푸른 잎으로 겨울을 나기 때문에 겨우살이덩굴이라 불리기도 한다.

모진 핍박을 견디고 우뚝 선 인간의 모습을 추운 겨울을 나고 학이 날아오르는 모양의 꽃을 피워내는 인동꽃에 비유하면서 인동덩굴은 한국인의 끈기를 상징하는 꽃이 되었다.

인동덩굴은 한 마디에 두 송이 꽃이 달리는데, 처음에는 흰색 꽃이 피지만 시간이 지나면 노란색으로 변한다. 사람들이 보기에는 금색 꽃과 은색 꽃이 한꺼번에 피어나는 것처럼 보인다. 그런 연유에서 한약명으로는 금은화(金銀花)라 불린다.

꽃에 꿀이 많아 아이들의 간식거리, 장난삼아 꽃을 빨아먹는 심심풀이 장난감이 되어주기도 한다.

꽃을 따서 술을 담기도 하고 목욕물에 풀어 약탕을 하는데 주로 쓰이며, 꽃을 말려 두었다가 차로 우려 마시기도 한다.

줄기, 잎, 열매는 약재로 쓰는데, 이렇듯 인동덩굴은 한 군데도 버릴 데가 없이 쓰이고 있는데, 인동덩굴의 약효가 인삼과 맞먹는다고 말하는 사람도 있으나, 함부로 먹지 말고 전문가의 처방에 따라야 할 것이다.

인동덩굴은 덩굴식물이기 때문에 주변 나무나 풀을 감

고 올라간다. 덩굴식물이 무엇이든 감고 올라가는 것은 다른 식물과 경쟁하여 햇빛을 좀 더 받기 위함이고, 감고 올라가는 특기 때문에 다른 나무들처럼 몸을 바로 서게 유지하는데 비용이 적게 든다.

덩굴식물의 특징 중 재미있는 것은 덩굴줄기가 시계방향으로 감는지 반시계방향으로 감는가 하는 것이다.

인동덩굴은 시계방향으로 감고 올라가는 오른쪽 감기를 하고, 이와 반대로 나팔꽃은 왼쪽 감기를 한다.

물론 더덕이나 표주박 같이 감는 방향에 신경 쓰지 않고 아무 쪽이나 감아 올라가는 식물도 있다.

이는 유전적인 영향으로, 오른쪽으로 감아 올라가는 인동덩굴을 굳이 왼쪽으로 방향을 바꾸어 놔도 다음날 오른쪽으로 돌아가 있는 것을 볼 수 있다.

'갈등'이라 단어는 덩굴식물의 감긴 모양을 보고 만든 단어이다.

'갈'은 칡덩굴의 한자이고 '등'은 등나무를 뜻한다. 칡은 왼쪽 감기를 하고 등나무는 오른쪽 감기를 하니 등나무와 칡이 함께 있으면 꼬임이 계속되어 결국 영원히 풀지 못하는 지경에 이르게 된다. 이런 덩굴의 특성을 잘 반영하는 '갈등(葛藤)'이란 말을 만들어 낸 우리네 조상의 창의력은 정말 대단한 관찰력을 가진 것 같다.

인동덩굴은 겨울을 이겨내는 생명력과 다른 나무를 타고 올라가는 특기를 가졌음에도 불구하고 우리 눈에는 잘 띄지 않는다.

길가에서 자라던 인동덩굴은 자동차에 시달려 숲으로

몸을 숨겼으며, 그곳에는 매연에 잘 견디는 외국식물들이 들어와 길거리를 독차지하고 있기 때문이다.

환경오염이 심한 곳을 가리지 않고 잘 자라는 귀화 식물들에게 인동덩굴 정도는 경쟁상대가 되지 못한다.

여름이면 길가를 금색 은색으로 물들이던 인동덩굴 같은 토속 식물은 점차 한반도에서 사라지고 우리나라 땅에 서양민들레, 가시박, 소래풀, 망초, 돼지풀과 같은 외래식물로 가득 차게 됨은 무척 안타까운 일이다.

## 5월의 상징 목련

봄이란 계절 중에 가장 화사한 5월, 목련은 봄의 상징이며 '5월의 여왕(May Queen)'이란 단어와 가장 잘 어울리는 꽃이다. 그러나 이것도 옛날이야기, 기후변화 때문인지 요즘 목련은 3~4월이면 피기 때문에 5월의 여왕은 장미에 자리를 빼앗긴 지 오래다.

예로부터 부처님을 상징하는 꽃으로 사람들에게 귀한 사랑의 표식이 되어왔던 목련(木蓮)은 나무에서 피는 연꽃이라는 뜻에서 붙여진 이름이다.

목련꽃 모양은 연못에서 피는 연꽃과 무척이나 닮았다. 꽃잎 하나하나가 마치 고운 옥돌로 조각해 놓은 것 같으며 향기 또한 은은하여 사랑을 듬뿍 받아왔다.

공룡과 함께 살았던 나무의 조상으로 현재 지구상에서 사는 꽃이 피는 식물 중에서 가장 원시적인 특징을 가지고 있다.

부드러운 털로 덥혀 겨울 동안 혹독한 추위를 이겨낸 꽃눈은 대지가 봄기운을 막 느끼려 할 때 꽃을 밀어 올린다. 따사로운 햇볕에 상아색으로 반짝이며 봄이 왔음을 제일 먼저 알리는 꽃이다.

꽃을 막 틔울 때 꽃봉오리가 모두 북쪽을 향하여 북향화(北向花)라 불리기도 한다.

꽃봉오리가 북쪽을 향하는가에 대하여서는 과학적으로 명확히 밝혀지지 않고 있지만, 옛사람들은 이 꽃을 보고 북쪽에 두고 온 부모 형제를 생각하곤 했다고 한다.

목련에는 백목련, 자주목련, 일본목련과 같이 다양한 종류가 있다.

일본목련을 후박나무라는 이름으로 팔리기도 하였는데, 후박나무는 울릉도나 남해안 섬에서 자생하는 나무로 일본목련과 아무런 관계없는 나무이다.

높은 산에 오르다 보면 도시에는 목련꽃을 볼 수 없는 한여름에 목련이 피어 있는 것을 볼 수 있는데 이는 '산목련'이라 불리기도 하는데, 정원에 심는 목련보다 꽃이 작고 향기가 짙으며 '함박꽃나무'가 정식 이름이다.

목련은 주로 정원에서 관상용으로 키우며, 결이 치밀하여 가구 및 건축재로 사용하였다. 꽃은 짙은 향기 때문에 향수 원료로, 꽃눈은 비염 치료 약으로 이용되며, 중국에서는 약 2,000년 전부터 심어 길렀다고 알려져 있다.

**백목련** Magnolia
중국 원산의 백목련은 목련 종류 중 우리나라에서 가장 많이 심는 종류로 제주도 한라산에서 자생하는 '목련'과 는 가까운 친척뻘이다. (2019년 서울 경희대)

## 도시를 식히는 담쟁이덩굴

담쟁이덩굴은 우리 주변에서 쉽게 보이는 식물이다. 그러나 예전에는 담쟁이덩굴을 싫어하는 사람들이 많았다.

흙집 짓던 시절에는 담쟁이덩굴이 골칫거리였다.

흙담 갈라진 틈으로 뿌리를 내리거나 헐거운 창틈을 비집고 줄기가 방안으로 들어왔기 때문이다. 벌레, 쥐, 박쥐 등의 서식처가 되어주는 곳이니 옛사람들에게는 담쟁이덩굴은 반갑지 않은 존재였을 것이다.

그러나 시대가 바뀌어 담쟁이덩굴은 도시 온도를 낮춰주는 고마운 나무가 되었다.

도시에서 나무를 심을 공간이 부족하여 벽면 녹화라는 방법을 생각해냈다. 좁은 공간에 덩굴을 심어 벽을 타고 오르게 하는 것이다.

벽면 녹화 기술은 건축물의 벽뿐 아니라 도로변에 설치한 방음벽에도 적용할 수 있다.

담쟁이덩굴을 방음벽에 올리는 아이디어는 1990년대 시민 공모에서 대상을 받았다.

사실 그리 큰 아이디어는 아니지 않냐고 반문할 여지는 있지만, 우리네 조상들이 싫어했던 것을 건전한 방향으로 끌어냈다는 것이 좋은 발상이었던 것 같다.

도시는 햇빛에 달궈진 도로, 건물 등이 잘 식지 못하여 열섬(Heat island) 현상이 나타난다. 이로 인해 매년 여름 열대야로 도시민들이 고생한다. 건물 벽이나 방음벽에 담쟁이덩굴을 올리면 열섬 현상의 30%를 감소시킬 수 있으며, 담쟁이덩굴의 단열효과 때문에 겨울에는 난방비도 절약된다. 또한, 소음 감소 효과도 뛰어나 담쟁이덩굴은 일거양득이 이상의 효과가 생긴다.

**담쟁이덩굴 Ivy**
우리 조상들이 싫어했던 담쟁이덩굴은, 요즘 건물의 단열을 책임져주는 녹색 커튼으로 사랑을 받는다. (2020년 강원도 횡성)

　인간이 배출한 온실가스가 원인이 된 기후위기 시대를 살아가는 인류에게 뜨거운 도시를 식혀줄 아주 고마운 존재임이 틀림없다.
　담쟁이덩굴은 매끄러운 유리도 타고 올라갈 수 있을 만큼 강력한 덩굴손을 가지고 있으며, 덩굴손 모양은 유리창에 잘 달라붙은 게코도마뱀 발가락과 비슷하게 생겼다.
　포도과에 속하는 나무로 포도 닮은 열매가 달린다. 포

도가 다산의 상징이듯이 담쟁이덩굴도 많은 열매를 맺어 야생동물들에게 먹이를 내어주는 생태계 내에서도 아주 고마운 존재이다.

영어로는 아이비(Ivy)라 하여 오 헨리 소설 '마지막 잎새'에 나오는 유명한 나무이다.

미국에는 '아이비리그'로 불리는 유명대학들이 있는데, 아이비리그에 속하는 대학이 모두 담쟁이덩굴로 덮여 있는 오래된 건물이 있으므로 '아이비리그'란 이름으로 불린다.

# Ⅲ. 숲속 야생화

**노루귀** Liverleaf
노루귀를 닮은 잎 때문에 붙여진 이름으로, 키 큰 나무들의 잎이
나오기 전에 꽃을 피워 번식을 끝낸다. (2019년 안산시 풍도)

### 노루귀 / 최한수

눈물이 나면
고개 들어 하늘을 본다.

땅속 추위 밀고 나와
털옷 입고 버텨도
지나가던 무심한 발걸음에
모가지 달아난다.

스스로 인내라 부르지 않아도
버티는 것이 사는 것 이거늘

어느 삶이 쉬이 끝어지겠나?

울며 버티다가
영 힘들면
눈물 참는 척
하늘 한번 쳐다보자

## 선비 정신을 품은 금강초롱

·
·
·
·
·

 우리나라에서 자생하고 있는 4천여 종의 식물 중 방송이나 광고에 가장 빈번하게 얼굴을 드러내는 꽃이 있다. 우리에게 이미 친숙해져 있는 금강초롱은 전 세계에서 우리나라 땅에서만 볼 수 있는 매우 희귀한 식물이다.
 1902년 일제 강점기, 일본인 식물학자는 금강산에서 금강초롱을 처음 만났다.
 당시 일본공사였던 하나부사(花房義質, Hanabusa)의 이름을 학명으로 사용하여 세계 식물목록에 등재하였다.
 일본은 한반도를 식민지로 지배했을 뿐 아니라 우리나라에서 자생하고 있는 생물 자원을 일본제국 것으로 만들어 버렸다.
 한민족과 함께 한반도에서 살면서 금강초롱꽃이란 예쁜 이름이 붙여진 식물은 아름다운 이야기와 함께 한반도에 살고 있었다.
 십여 년간 길러준 부모의 곁을 떠나, 이름도 얼굴도 모르는 낭군에게 간다.
 꽃가마 속에서 함께 한평생 행복하게 살 수 있도록 기원하는 새색시의 앞길을 청사초롱으로 밝혀주었다.
 온 동네를 떠들썩하게 하며 함진아비의 '함 사려' 소리는 온 동네 퍼져나갈 때, 신랑의 앞길을 밝히는 것 또한 청사초롱이었다.

아름다운 부부의 탄생을 온 동네에 알리는 '함팔이' 행사, 자식의 금의환향 행차에 앞길을 밝히는데 빠질 수 없는 것이 바로 청사초롱이다.

**금강초롱** *Hanabusaya asiatica* Nakai
청사초롱을 닮은 금강초롱은 전 세계에서 한반도에서만 살고 있다.
(2017년 경기도 포천)

옛사람들이 더운 여름 산길을 따라 목마르고 힘겨운 길을 걷다 보면 길가에서 초롱꽃, 금강초롱을 흔히 만날 수 있었다.

결혼식 때 보았던 청사초롱을 닮은 금강초롱이 고된 산

길을 넘어 다니던 화전민의 삶의 무게를 덜어주었을 것이다.

무더운 여름 장에다 팔 물건을 지고 혹은 산나물이며 약초를 잔뜩 메고 힘든 산길을 걸었던 약초꾼에게 희망을 주는 꽃이었을 것이다.

간간이 피어 있는 금강초롱을 보면서 딸을 시집보낼 때 쓸 청사초롱을 장만할 생각을 하였고, 과거 길에 오른 사람은 청사초롱을 앞세우고 금의환향할 생각에 힘들지 않게 멀고 먼 길을 걸었을 것이다.

이런 예쁜 들꽃들이 우리에게서 멀어져 가고 있다. 환경오염으로 인한 이유도 있겠지만 산에 오는 사람들이 길가에 피어 있는 예쁜 꽃을 꺾거나 캐가는 데 가장 큰 문제이다.

해발 1,000m 정도 높은 곳에서만 자라는 금강초롱은, 낮은 곳에 옮겨 심으면 벌레가 들끓거나 꽃 색이 바래 볼품이 없어진다.

아름다운 꽃을 가까이 보기 위해 금강초롱을 캐가는 것은 쓸데없는 짓이다. 자연의 신비함과 아름다움을 느끼는 산행 후에는 쓰레기, 발자국 등 흔적도 남기지 말고 추억만을 남기면 얼마나 좋을까.

## 소박한 우리의 야생화 - 제비꽃

　푸르른 새싹이 막 돋으려는 이른 봄이면 햇볕이 따사로운 길가나 얕은 시골 언덕에 귀여운 모습을 드러내는 풀이 있으니 바로 제비꽃이다. 봄이 왔음을 알리는 듯 귀여운 모습 때문에 일부 지방에선 병아리 꽃이라 불리기도 하며 우리나라에는 약 60여 종의 제비꽃이 살아간다.

　제비는 우리가 강남이라 부르는 필리핀과 같은 남쪽 나라에서 고향을 찾아 날아온다.

**알록제비꽃** Violet
잎에 알록달록 무늬가 있고 뒷면은 붉은색으로 더 예쁘다.
(2020년 경기도 양평)

여름 동안 우리나라에서 알을 낳고 새끼를 기르며, 가을이 오면 강남으로 돌아가는 여름 철새이다.

제비꽃은 제비와 색깔이 비슷하고, 눈에 띄는 시기도 비슷하여 옛사람들은 제비가 씨를 물어와 이 꽃을 피운다 생각하였다.

매우 쓴 맛을 가지고 있지만, 나물로 먹는 지방도 있으며, 어린아이들이 두 개의 꽃을 서로 얽어 잡아당기는 '꽃씨름' 놀이를 즐겨 씨름꽃이라 불렸으며, 지역에 따라 장군 꽃 또는 오랑캐꽃이란 별명도 가지고 있다.

제비꽃 집안은 매우 복잡하여 우리나라에만 변종을 포함하여 40여 가지나 되고 변이가 심하여 전문가들도 제비꽃 집안을 골치 아파한다.

꽃 색깔도 다양하여 푸른빛을 띠는 보라색이 가장 우리의 눈에 익은 꽃으로 제비꽃이라 부르며 흰색을 띠는 남산제비꽃은 남산에서 처음 발견되어 붙여진 이름으로 중부지방의 야산에 널리 분포한다.

그 밖에 여러 가지 색상과 재미있는 이름을 가지고 있는 꽃이다. 다양한 꽃 색깔에 따라 꽃말도 서로 달라 충실, 겸손, 사색의 뜻 이외에 흰색은 소박함, 보라색은 사랑, 노란색은 수줍음, 하늘색은 성실과 정결을 나타낸다.

용맹의 상징으로 알려진 나폴레옹은 제비꽃을 무척 좋아하였는데 엘바섬에 유배되었을 때 '제비꽃이 필 무렵 다시 돌아가겠다'라는 말을 남겼다. 나폴레옹은 젊었을 때 '제비꽃 소대장'으로 불릴 만큼 제비꽃에 대한 사랑이 각별하여 동지임을 확인하는 표식으로 사용하기도 하였다.

그의 아내인 조제핀도 나폴레옹을 따라 제비꽃을 무척 좋아했지만, 나폴레옹과의 이혼 후 한 번도 제비꽃을 쳐다보지도 않았다고 한다.

## 사약의 재료가 되는 천남성

가을 나뭇잎이 한창 떨어질 무렵, 숲속에서 만나는 희귀한 생명의 모습이 있다. 땅 위에서 굵은 대공이 올라와 있는 천남성의 빨간 옥수수 모양의 열매를 보면 산삼을 발견한 것이 아닌가 의심이 된다.

물론 가까이 가보면 산삼이 아니라는 것을 쉽게 확인할 수 있다.

열매 크기에서부터 차이가 나기 때문이며 땅속에는 산삼 뿌리가 아니라 토란 비슷한 뿌리가 숨겨져 있다.

천남성은 독성이 매우 강해 식용으로 하지 않으나, 옛 사람들은 여러 가지 약재를 섞어 진통제로 이용해 왔었다.

또한, 최근에는 항암효과가 있는 것으로 알려진 식물로, 잎이 별 모양으로 돌려나므로 천남성(天南星)으로 불리며 뿌리 부분만을 약재로 사용하였다.

그러나 죄인에게 내리는 사약의 원재료이므로 함부로 먹으면 큰일 난다. 가을이면 빨간 열매를 보고 '산삼 열매 아닌가?' 착각하기도 한다. 호기심으로 조금 맛보는 것도 매우 위험한 행동이다. 독사에 물린 만큼 위험하며, 우리나라 식물 독으로 치면 최고 강하다.

**천남성** Aroids
빨간 열매가 한 번만 먹어보라 유혹한다. 호기심에 먹어 본 사람은 '온종일 혀가 찢어질 듯 아리다'고 한다. (2019년 안산시 풍도)

　천남성은 매우 특이한 꽃을 피우는데, 다른 식물들과 달리 빨강, 보라, 노랑, 파랑 꽃을 피우지 않는다. 꽃 색깔도 잎과 거의 구별되지 않는 엷은 녹색 또는 크림색을 띠고 있으며, 꽃 모양도 우리가 일반적으로 생각하는 모양과 전혀 다르다. 또한, 꽃에서 심한 비린내가 난다.
　천남성은 씨앗을 맺히게 하는 꽃가루받이를 도와주는

것은, 땅바닥을 기어 다니는 딱정벌레다. 벌, 나비는 먼 거리에서 붉고, 푸른 화려한 색깔이나 향기로운 냄새에 이끌려 꽃을 찾아오지만, 딱정벌레나 파리는 화려한 꽃 색깔에는 관심이 없고, 악취에 가까운 암모니아성 냄새만 좋아한다.

딱정벌레를 유인하여 꽃가루받이를 시키는 천남성은 굳이 향기로운 냄새를 만들 필요가 없고 화려한 색깔을 가질 필요가 없는 것이다. 이런 이유로 벌, 나비가 자주 찾지 않는 으슥한 숲속에서 조용하고 고독한 삶을 이어갈 수 있는 것이다. 그러나 숲에 낙엽이 지고 겨울이 오기 시작하면 먹음직한 붉은 열매를 맺어 씨앗을 멀리 퍼뜨려줄 산새들을 유혹한다. 사람에게는 독이 되겠지만 새들에게는 아무런 문제가 되지 않는 게 신기하다.

천남성과 친척 관계에 있는 식물 중에 우리에게 가장 친숙한 것이 토란이다. 토란은 동남아시아 원산으로 오래전부터 식용으로 농촌에서 기르는 재배식물이다.

그러나 꽃을 잘 피우지 않기 때문에 꽃을 본 사람은 매우 드물다. 토란도 독성이 강해 직접 먹지는 못하고 물에 오랫동안 담가 놓은 후 삶아서 아린 맛을 제거하고 먹는다.

천남성과 식물 중 이른 봄, 꽃을 피우는 앉은부채란 식물은 춥고 배고픈 야생동물들에 신선한 식사 거리가 될 수 있다.

그러나 앉은부채는 이른 봄 홀로 녹색을 띠기 때문에 웬만큼 독을 품고 있지 않아서는 초식동물에게 모두 뜯어 먹히고 말 것이다. 독성이 강한 앉은부채는 다른 산나물과 비슷하게 생겨서 봄나물을 뜯는 사람들이 매우 조심해야 할 식물이다.

움직이지도 말도 못 하는 식물이지만 오랜 지구역사 속에서 살아남기 위하여 자신만의 생존 방법을 택하고 있는 것이 식물의 세계이며 자연스러움이다.

## 선비의 붓을 닮은 꽃

도시에서 개나리, 진달래가 막 꽃을 피울 때쯤 시골 야산 양지바른 풀숲에 자그마하고 아름다운 자태를 들어내는 들꽃을, 옛사람들은 붓꽃이라 불러왔다. 봄 피어나는 꽃봉오리가 옛날 선비들이 쓰던 붓을 닮았다 하여 붓꽃이라는 이름을 붙였다.

서양에서는 칼 모양을 닮은 잎 때문에 용감한 기사를 상징하는 꽃으로 붓꽃이 프랑스에서는 나라꽃이 되었다.

꽃 가게에서는 아이리스(Iris)라 부르는데 아이리스는 붓꽃의 학명이다. 붓꽃을 뜻하는 아이리스란 단어는 외국에서 여성의 이름으로 쓰이는데, 아이리스는 여신의 이름으로 제우스와 헤라의 뜻을 전하기 위하여 무지개를 타고 지상으로 내려왔다는 이야기가 '그리스 신화'에 등장한다.

붓꽃 뿌리는 민간에서는 술독을 푸는 데 이용하거나 폐렴을 치료하는 약으로 써왔다.

붓꽃과에 속하는 노랑붓꽃(*Iris koreana* NAKAI)은 학명에서도 알 수 있듯이 한반도 전역에서 자생하는 우리나라

특산식물로 예로부터 우리나라 사람들에게는 여러 가지 병을 치료하는 약재로 쓰여 왔다.

그러나 요즘 전국에서 앓고 있는 환경오염과 개발로 우리 주변에서 점점 사라져 매우 희귀한 꽃이 되었다.

특히 이른 봄에 꽃을 피우는 식물은 그들의 색깔이 아름다워서 사람들에 눈에 쉽게 띈다.

그러나 그런 아름다움은 야생화를 이 땅에 희귀한 존재로 만든 원인 중의 하나이다. 사람들은 등산하다가 눈에 보이는 꽃을 무작정 꺾는다. 그러나 꽃이란 식물의 생식기관이다. 자손을 만들기 위해 추운 겨울을 땅속에서 지내다가 좋은 기회를 봐서 정성껏 피워올린 꽃을 사람들은 아무런 가책 없이 꺾어버리는 것이다.

이렇게 생식기관을 잃어버린 식물은 자손을 퍼뜨릴 기회를 잃어버리고 죽어가거나, 기약도 없는 다음 기회를 기다려야 한다.


## 나를 건드리지 마세요

'울 밑에 선 봉선화야 네 모양이 처량하다 길고 긴 날 여름철에 아름답게 꽃필 적에 어여쁘신 아가씨들 너를 반겨 놀았도다…….' 대한민국을 대표하는 홍난파 작곡가의 '봉선화'라는 가곡이다.

'봉선화 연정'이라는 대중가요에는 '손대면 톡 하고 터질 것만 같은 그대 봉선화라 부르리'라는 대목도 있다.

여기선 두 가지 의문점이 생긴다.

첫째, 꽃 이름을 '봉숭아'라고 알고 있는 사람도 있고 '봉선화'라고 알고 있는 사람도 있는데 도대체 어느 이름이 맞는 것일까?

둘째, '손대면 톡 터진다.'라는 노랫말은 사실일까?

봉선화(鳳仙花)라는 이름은 한문으로 표기한 것이다. 우리나라 사람들이 발음하기 쉽게 봉숭아로 불리면서 정식 이름으로 채택되었다.

라틴어 학명에서 속명은 Impatiens, 영어로는 Touch me not으로 불린다. 학명과 영명 두 곳 모두에서 건드리지 말라는 의미이다. 건드리면 난리가 난다는 뜻이다.

실제로 봉숭아 열매를 건드리면 난리가 난다. 사람이 다칠 정도는 아니지만 재미있는 난리가 난다. 열매는 씨앗을 널리 퍼뜨리는 방법으로 열매를 건드리면 꼬투리가 용수철처럼 꼬이면서 씨앗이 멀리 날아간다. 씨앗이 옆에 있는 열매에 부딪히면, 그 열매도 터지고 끝없는 연쇄 폭발이 일어난다. 봉숭아의 불이 없는 불꽃놀이가 시작되는 것이다.

뱀이 마당으로 들어오면 가장 햇볕이 잘 드는 장독대를 찾아간다. 뱀이 장독대로 못 오도록 뱀이 싫어하는 봉숭아를 장독대 둘레에 심었다. 뱀이 봉숭아 냄새를 싫어한 것인지 열매가 터지면 무서워서 도망간 것인지 정확히 알 수 없지만 뱀을 못 오게 하는 효과는 확실해서 봉숭아를 '뱀의 접근을 금지하는 꽃'이란 뜻으로 금사화(禁蛇花)라 부른다.

이런 이야기보다는 우리에게 가장 친숙한 추억은 바로

'봉숭아 물들이기'였을 것이다. 한여름에 꽃이 피기 시작하면 꽃과 잎을 따다 짓이겨 손톱에 꽁꽁 싸매면 손톱에 예쁜 물이 든다.

우리가 집 주변에 심던 봉숭아는 인도, 말레이지아, 중국이 원산이며, 세계 곳곳에 널리 심는 원예식물이다. 산에 가면 야생 봉숭아가 있는데 물가에서 살아가기 때문에 '물봉선'이라 부른다. 숲에 사는 봉숭아 사촌들인데 꽃 색에 따라 '흰물봉선', '노랑물봉선'이라 불린다.

## 복과 장수를 기원하는 복수초

겨울이 끝나기도 전에 여기저기서 복수초가 피었다는 소식이 전해진다.

복수초란 이름을 처음 들으면 무시무시한 복수의 전설을 떠올리는 사람이 많을 것이다. 그러나 복수초(福壽草)는 행복을 상징하는 꽃이다. 이 꽃의 한자가 뜻하듯이 인간의 행복은 부유하게 오래 사는 것인가 보다. 노란 꽃잎 때문에 '황금의 꽃'이란 별명을 얻게 되었으며, 장수와 행복을 상징하는 꽃이 되었다.

우리나라에서 이른 봄에 가장 먼저 꽃망울을 터뜨리는 대표적인 봄꽃이다. 강원도 동해시에서는 2월부터 꽃이 피는데, 눈 속에서도 꽃을 피우는 강인한 생명력으로 이 땅에 봄이 다시 찾아왔음을 알려 준다. 다른 지역에서도 3~4월이면 눈이 녹지 않은 산기슭에서도 꽃을 피운다.

**복수초** Adonis, Pheasant's eye
눈을 뚫고 나와 '얼음새꽃'이라 불리기도 한다. (2021년 창경궁)

   다른 미나리아재빗과 식물들과 마찬가지로 강한 독성이 있지만, 강심제나 이뇨제로써 한방에서 약으로 이용하고 있다. 독성 때문에 사람들이 먹지는 않지만 아름다운 꽃 때문에 관상용으로 마구 캐어 요즘에는 산에 가도 복수초를 볼 수 있는 곳이 드물다. 그런데 시골 마을에 가보면 밭 가장자리나 화단에 옮겨 심어놓은 복수초를 흔히 발견할 수 있다.

   복수초와 같이 이른 봄에 꽃을 피우는 식물은 대부분 강한 독을 가지고 있다. 이는 겨울 동안 굶주린 야생동물에 뜯어 먹히지 않고 살아남기 위함이다.

   봄꽃의 삶은 매우 짧다. 봄이 되어 키 큰 나무의 새싹들이 나기 시작하면 땅바닥에서 살아가는 작은 식물들에는 햇빛을 볼 기회가 점점 사라져 생존경쟁에 지게 된다. 이 때문에 나무들이 햇빛을 모두 가리기 전에 꽃을 피워 씨를 맺어 다음 해를 준비한다.

다른 식물보다 화려하고 커다란 꽃을 피워 짧은 기간에 번식에 '집중과 선택'의 번식전략을 가지고 있다.


## 그 많던 '민들레'는 어디로 갔나?

민들레는 전국의 산과 들 특히 길가에서 가장 흔히 볼 수 있었던 꽃이었다.

생명력이 매우 강하여 추운 겨울이 지나 얼었던 땅이 풀리자마자 잎을 내고 꽃을 피운다. 또한, 뿌리를 토막 내어 심어도 살아나기 때문에 화분이나 화단에서 기르곤 했었다.

추운 겨울을 땅속에서 보낸 후 이른 봄 싹을 틔우며 길가에서 사람의 발길에 밟혀 수난을 당해도 꽃을 피우고 씨앗을 맺어 번식한다. 꽃대는 하나씩 올라 오지만, 땅바닥에 펼쳐진 잎의 수만큼 꽃대를 올리기 때문에 봄철 내내 꽃이 피어 있는 것으로 보인다.

골프장, 축구장과 같이 잔디를 심어놓은 곳에 씨앗이 떨어져 잔디밭을 망치기 때문에 집 앞뜰을 잔디밭으로 꾸며놓은 사람들에게는 매우 골칫거리가 되는 식물이다.

민들레는 뽑아내어도 잘 죽지 않으며, 꽃가루받이 없이 수많은 씨를 맺어 바람에 날리기 때문이다. 민들레를 뽑아 잔디밭에 그냥 놔두면 뽑힌 민들레에서 뿌리가 땅속을 파고들어 다시 살아나므로 햇볕이 잘 드는 돌 위에 뽑아놔

말려 죽이곤 했다. 그러나 민들레는 이런 악조건 상황에서도 자가수분을 통해 만들어진 수많은 씨를 하늘로 날려보낸다.

생명력이 강한 민들레도 인간이 내뿜는 환경오염에는 속수무책, 이제 웬만한 도시에서는 민들레를 구경하기 힘들다.

주변에서 민들레처럼 보이는 것은 외국에서 들어와 우리나라에 정착한 귀화식물인 '서양민들레'이며 우리나라 토종 민들레는 이제 시골에 가도 보기 힘들다.

서양민들레는 겉보기엔 민들레와 구별이 어렵지만, 서양민들레는 노란 꽃을 싸고 있는 초록색 총포가 뒤로 젖혀져 있다.

왜? 서양민들레만 보이는 것인가? 환경오염의 문제인가? 아니다. 사람이 옮겨온 서양민들레가 점령한 면적이 점차 넓어지는 이유는 '서양민들레' 꽃가루가 날려 토종 민들레를 모두 서양민들레로 만들어 버렸기 때문이다.

땅바닥을 뚫고 피어오른 민들레는 씨앗을 맺을 때면 길쭉한 꽃대가 올라온다. 이는 바람에 날리는 씨앗을 멀리 퍼뜨리기 위한 생존전략이다. 씨앗이 부모 곁에 떨어지면 부모와 경쟁해야 때문에, 봄바람에 실어 씨앗을 멀리 보낸다.

부모들이 자식들 잘되라고 고향에서 멀리 떨어진 곳으로 유학을 보내는 심정일 것이다.

민들레는 꿀이 많아 벌을 기르는 사람들에게 많은 도움을 주는 식물이며, 잎의 줄기를 자르면 나오는 하얀 유액은 손 등의 사마귀를 없애는 특효약으로 사용했다.

쓴맛이 매우 강하지만 지방에 따라 김치로 담가 먹거나 나물을 해 먹기도 하였다. 또한, 각종 염증과 부스럼을 치료하는 데 쓰여 가난한 서민들을 위한 좋은 약재가 되어 왔다.

민들레가 몸에 좋다고 이른 봄부터 산과 들에 민들레를 캐러 다니는 사람들을 볼 수 있다.

그러나 우리 주변에서 보는 민들레와 같이 생긴 꽃은 민들레가 아니고 환경오염에 강한 '서양민들레'이니 도로변에서 자라는 것은 먹지 말아야 한다.

최근 나라에서 한국 식물 이름을 정리하는 과정에서 '민들레'란 우리 꽃 이름을 없애 버렸다.

학술적으로는 민들레란 이름이 국제적 형식에 맞지 않을지 몰라도 한민족에게 매우 소중한 꽃이다.

'민들레'란 이름은 다시 살리자는 의견들이 나오고 있으니 좋은 결과를 기대하며, 다시는 이런 일이 일어나지 않았으면 하는 바람이다.

## 가을이 오면 산과 들에 '들국화' 가득 차고

　몇 개 남지 않은 낙엽이 찬바람에 뒹구는 계절이면, 숨을 크게 들어 마셨다가 한숨 쉬듯 내뿜으면 가슴 한복판에 찡한 여운이 남는다. 손을 놓아버린 사랑하는 사람에 대한 그리움이 북받친다. 녹색의 계절이 모두 지나가고 황톳빛 세계가 다가온 것이다.

　단풍이 붉게 물든 산행을 다녀온 사람들에게 남은 것은, 붉은 단풍의 화려함 뒤의 쓸쓸함뿐이다. 가을 산행에서 가장 인상 깊게 남은 것은 붉게 물든 단풍과 길가에 피어 있는 이름 모를 야생화이다.

　가을에 흔히 볼 수 있는 야생화로써 흔히 '들국화'라 부르는 꽃이 있다. 그러나 4천여 종이 담겨 있는 식물도감에도 들국화란 이름을 가진 꽃은 없다.

　사람들이 들국화라 부르는 꽃은 학자들이 가을에 피는 국화과 식물인 구절초, 쑥부쟁이, 개미취, 해국과 같은 종류를 총칭해서 부르는 말이다.

　구절초는 평지보다는 높은 산에 많이 피며 꽃이 크고 색이 다른 야생화에 비하여 순진해 보이며 잎이 갈라지는 모양에 따라 산구절초, 바위구절초 등등, 많은 종류가 있다. 번식력도 매우 좋아 몇 포기만 사도 충분하다. 집 앞 뜰이나 화분에 심어 베란다에 놓으면 가을 내내 멋진 색과 짙은 국화 향을 즐길 수 있다.

　국화과 식물은 지구상의 식물 중 가장 진화한 식물이다. 국화과 식물의 꽃은 매우 특이하다. 수십 또는 수백 개의 꽃이 모여 마치 한 송이처럼 보인다. 이 때문에 국화한 송이를 선물하면, 한 다발의 꽃을 받는 게 되는 것이다.

자세히 관찰해보면 수술, 암술, 꽃잎, 꽃받침을 모두 갖춘꽃이 여러 송이가 있다. 그러나 꽃잎의 모양이 매우 달라 바깥쪽에 있는 꽃은 꽃잎이 매우 크며 화려한 색깔은 가지지만 안쪽의 꽃들은 암술과 수술만 있는 것으로 보인다.

국화꽃은 꽃가루를 옮겨주는 곤충을 효과적으로 유인하기 위한 국화꽃만의 작전이다. 바깥쪽의 꽃은 화려한 꽃잎을 가지고 곤충을 유인하고, 안쪽의 꽃은 곤충의 도움을 받아 꽃가루받이하는 협동작전을 펼친다.

생각이 없고, 반항하지 않는 것이 식물이라지만, 기나긴 진화적 과정을 거쳐 같은 꽃에서도 서로 업무를 분담하여, 종족보존이라는 커다란 과업을 수행하고 있다.

### 행복의 조건 / 최한수

콧노래 부르면 행복합니다.
꽃이 보이면 행복합니다.
꽃에 미소 날리면 행복해집니다.
꽃에 말을 걸면 더 행복해집니다.

## ♪ 멸종된 동물 이야기 ④ - 뉴질랜드굴뚝새 ♪

 1894년 작은 굴뚝새들이 살던 뉴질랜드 스테판섬에 등대가 생겼다. 등대지기에게 처음 발견된 이 새는 머지않아 멸종되었다.

 외딴 섬에는 천적이 없어 나는 능력이 퇴화한 굴뚝새에게 사람이 데리고 들어온 고양이 한 마리는 위협적인 존재였다. 등대지기의 애완용 고양이는 마지막 한 마리까지 잡아 죽였다.

 고양이뿐 아니라 쥐와 토끼가 함께 들어와 번성했고 너무 많아진 토끼를 조절하기 위해 여우도 들여다 놓았다. 불행히도 여우는 토끼 사냥보다 굴뚝새 사냥을 좋아했다. 그 후 들어온 족제비는 섬에서 가장 위협적인 존재로 알까지 먹어 치웠다.

 최후의 한 방은 사람들이 날렸다. 가축과 농작물을 기르기 위해 굴뚝새가 사는 숲을 베어버렸다.

 1955년경 세 종의 뉴질랜드굴뚝새 중 한 종류가 영원히 사라졌고. 1968년 남쪽 섬에 살던 사촌뻘 굴뚝새도 그 뒤를 이어 지구를 떠났다. 마지막 남은 새 한 마리는 1977년 최후 보금자리 카이모후섬에서 고양이에게 잡아먹혔다.

# Ⅳ. 과학의 숲

**바이칼** Baikal lake
세계에서 가장 깊은 호수, 바이칼은 과학으로 풀리지 않은 비밀을 1,600m 깊은 물 속에 감추고 있다. (2019년 러시아 바이칼)

## 식물은 움직이고 있다.

∙
∙
∙
∙
∙

　사고나 병으로 꼼짝하지 못하고 누워있는 사람을 '식물인간'이라 한다. 이는 땅속에 뿌리를 박고 사는 식물은 전혀 움직이지 못한다는 인간 위주의 생각에서 나온 생각이다.

　식물은 항상 움직이고 있다. 다만 움직임이 너무 느려 사람들의 눈에는 보이지 않는다. 식물은 나름 부지런히 움직이고 열심히 살아가는 생물이다. 그러나 사람들은 '식물'이란 단어를 무능력하고 삶을 포기한 의미로 사용하고 있다.

　여러 동·식물이 함께 사는 생태계에서 살아남기 위하여 식물도 다양한 운동을 하고 있다.

　우리가 쉽게 관찰할 수 있는 식물의 움직임은 덩굴의 움직임이다. 화분에 심어놓은 나팔꽃은 더 많은 햇빛을 받기 위해 무엇이든 타고 올라가는 습성이 있다.

　'잭과 콩나무'란 동화에 나오는 것처럼 식물이 빨리 자란다면 우리는 넝쿨이 햇빛을 찾아 높은 곳으로 올라가는 모습을 쉽게 볼 수 있을 것이다.

　사람의 눈에는 보이지 않지만, 요즘은 촬영 기술 발달로 TV나 영화를 통하여 덩굴손 올라가는 모습이나 꽃이 피어나는 멋진 장면들은 볼 수 있다.

이른 봄, 아직 겨울이 다 가지 않아 아침저녁에는 감기에 걸릴까 걱정하는 4월에 피는 꽃들은 자기 몸의 체온을 높이기 위해 해를 좇아 따라 다닌다.

이런 꽃들은 대부분 큰키나무 밑에서 피는 노루귀, 복수초, 홀아비바람꽃과 같은 종류인데, 자기들 위에 있는 나무가 잎이 무성해 지면 햇빛을 받을 수 없으므로 춥지만, 나뭇잎이 나지 않는 시간을 택하여 꽃을 피운다.

어떤 곳에서는 기온이 낮아 태양빛을 열심히 따라 다녀야 얼지 않고 살아남을 수 있다. 남극과 북극과 같이 몹시 추운 지방에서 피는 꽃들도 이런 '태양추적 운동'을 한다.

물론 식물은 따뜻한 곳에서 꽃을 피우고 열매를 맺는 것이 당연히 편할 것이다. 그러나 모든 식물이 서로 좋아하는 기후를 고집한다면 복잡한 문제에 당면하게 될 것이다.

지구의 꽃들이 한날한시에 꽃을 피워 벌, 나비를 유인하려면 '꽃의 날'이라 불리게 될 2~3일 동안은 지구에서 난리가 날 것이며, 생태계는 엄청난 무질서의 시간 속에서 엉망진창이 될 것이다.

지구의 생명은 일 년 365일, 4계절을 적절히 나눠 쓰도록 오랜 기간 진화의 과정을 거쳐 합의를 이루었다.

이는 식물뿐 아니라 지구의 모든 생명체에게 적용되는 현상으로 우리 지구의 한정된 자원과 시간을 나눠 쓰는 양보의 미덕으로 보이는 공생관계로 해석된다.

잠을 자는 꽃도 있다. 연못에 사는 수련(睡蓮)이란 꽃은 낮에는 봉오리를 열고 있다가 해가 지기 시작하면 봉오리를 닫는다. '수련'에 쓰는 '수' 자는 물 수(水)가 아니라 잠 잘 수(睡)를 쓰는 이유도 이런 수면운동을 하는 꽃이라는 뜻으로 이름 붙여졌기 때문이다.

이처럼 밤에는 잠을 자듯이 꽃잎을 닫아 버리는 이유는 밤에는 꽃가루를 옮겨주는 벌들이 모두 집으로 돌아가기 때문에 꽃봉오리를 열어둘 필요가 없기 때문이다.

꽃봉오리를 열어두면 귀한 꽃가루가 바람에 흩어져 큰 손해가 발생하기 때문이다.

반대로 낮잠을 자다가 저녁때쯤 꽃을 피우는 박꽃, 달맞이꽃과 같은 식물도 있다.

이들은 저녁때 날아다니는 나방이 꽃가루를 옮겨주어 밤에만 꽃잎을 열어 놓는 것이다.

집집이 뜰에 심어놓은 분꽃은 저녁 4시 이후에 꽃봉오리를 연다. 그 시간이 너무 정확해서 시계가 귀하던 시절에는 분꽃이 피면 저녁밥을 준비했다. 같은 연유로 서양에서는 'Four o'clock'이라는 이름이 붙어 있다.

우리네 조상들은 식물의 움직임을 관찰하여 이름을 붙이고 이야기를 만들어 내었다. 조상들의 재미있는 이야기는 자손들에게 전해져 삶의 지식과 교훈이 되었다.

나무는 땅의 기운을 받아 하늘로 전해 주는 역할을 한다고 믿었다. 나무 한 그루, 풀 한 포기도 예사롭게 생각하지 않았다.

이런 생명 존중 사상은 학교나, 서당에서 배우고 시험

공부를 통해서 익힌 것이 아니고 자연과 더불어 생활하고 인간도 생태계의 한 일원이라는 지구 공동체적 생각을 하고 있었기 때문이다.

우리는 너무도 바쁜 생활 속에서 '빨리빨리'를 외치며, 달려가고 있다. 인간들의 바쁨 속에서 지구를 먹여 살리고 있는 위대한 생산자 식물은 상대적으로 움직이지 않는 생물로 인식되고 있었다.

잠시라도 느리게 살아가는 식물의 삶을 느끼기 위해 바쁜 일과를 모두 잊고 여유를 즐겨보면 어떨까?

# 숲은 탄소 저장창고

* 
* 
* 
* 
* 

생태계 내의 생물은 생산자, 소비자 그리고 분해자 중 하나의 부류에 속한다. 무에서 유를 창조하는 나무는 이산화탄소와 물로 지구의 모든 생물을 먹여 살리는 탄수화물을 만들어 '생산자'라 불린다.

이때 에너지로 쓰이는 것이 태양 빛이라 '광합성', 탄소를 몸 일부로 만들어 '탄소동화작용'이라 불린다. 광합성 중 산소도 부산물로 만들기 때문에 지구의 생명을 살리는 데 아주 중요한 역할을 하고 있다. 숲의 중심에서 식물은 삼림 생태계 내에서의 물질 순환에 중요한 역할을 담당하고 있다.

나무에서 생산되는 생산물의 절반 이상이 낙엽이 되어 숲으로 다시 돌아가고, 이를 통한 먹이사슬이 굳건하게 연결된다. 식물이 만들어 낸 낙엽은 유기물 형태로 토양에 유입되어 축적되며, 이렇게 쌓이는 탄소 일부는 미생물의 분해 작용으로 다시 대기 중으로 방출된다.

이와 같은 식물에 의해 유기물이 생산되고 동물에 의해 소비되며, 미생물에 의해 분해되는 순환이 막히면 지구는 고칠 수 없는 병에 걸리게 되고, 인류의 생존도 보장할 수 없게 된다. 사람도 혈액 순환이 중요하듯이 지구에서 물질

순환은 매우 중요하다.

우리나라는 국토면적의 약 64.1%가 산림이다.

이런 넓은 면적의 숲에서는 약 14억 5천 톤의 탄소를 저장하고 있다. 작은 국토에서 세계적으로 자랑할 만한 엄청난 탄소를 저장하고 있는 것이다.

## 지구를 살리는 낙엽

아궁이에 불 때던 시절에는 낙엽이 필요했지만, 도시인에게는 또 한 번의 수고를 들여 쓸어 담아야 하는 낙엽은 귀찮은 존재이다.

도시에서 천대를 받지만, 생태계에서 낙엽의 지위는 매우 높다. 동물에게 먹히지 않은 잎은 나무에 남아 나무의 생명 유지를 돕다가 다양한 요인으로 낙엽이 되어 땅으로 떨어진다.

떨어진 낙엽은 숲속 생물들의 은신처가 되기도 하고 먹이 사냥터 등 다양한 생명체들에게 삶의 공간을 제공해준다. 낙엽의 가장 중요한 역할은 미생물에 의해 무기물로 분해되어 토양과 혼합되어 다시 식물체의 성장을 돕는 양분이 되어주는 것이다.

숲은 육상생태계 내에서 탄소 저장고로 매우 중요한 임무를 수행한다. 숲에서의 탄소저장 방식은 지상부와 지하부 생물량, 낙엽과 고사목의 형태로 저장되거나 유기물 형태로 분해되어 흙 속에 저장된다.

세계의 환경 문제 중 가장 중요한 이슈는 기후변화이

다.

 기후변화는 에너지 사용과 경제활동으로 이산화탄소, 메탄과 같은 온실가스를 대량으로 방출하여 생긴 사건이다.

 인류는 땅속에서 석탄과 석유를 파내어 조금 더 따듯하게, 조금 더 시원하게, 조금 더 편하게 살아왔다.

 지구 온난화를 유발하는 온실가스 중 약 60% 정도의 가장 큰 영향을 미치는 물질은 화석연료 사용으로 대기 중에 뿜어 버린 이산화탄소이다.

 이산화탄소는 자연적 그리고 인위적 활동을 통해 대기 중으로 끊임없이 방출되고 있다.

 지구의 이산화탄소 농도는 산업화 이전의 280ppm에서 2001년에는 379ppm으로 증가하였으며, 2016년에 이미 지구 역사상 400ppm을 넘는 기록을 경신하였다.

 육상생태계의 탄소 저장고는 크게 숲과 토양, 두 곳으로 볼 수 있다.

 토양에 축적된 탄소는 지표면을 덮고 있는 나무의 낙엽과 밀접하게 연관되어 있으므로 낙엽은 대기와 토양 사이의 탄소순환에 중요한 요인으로 작용한다.

 매년 가을이면 쓸어 버리는 낙엽 관리로 지구를 살리는 방법을 찾게 되기를 기원한다.

# 한반도의 숲

- 
- 
- 
- 
- 

현재 한반도를 덮고 있는 소나무의 조상인 '송백류'는 은행나무와 함께 고생대 후기에서 중생대까지 한반도에 분포하였다.

중생대 백악기에 출현한 소나무는 우리가 주변에서 보이는 나무들과 함께 오늘날 한반도의 숲을 지키고 있다.

이런 중생대에 생성된 숲이 한반도에 계속 분포하고 있는 것은 아니다.

지질학적 시간의 변화에 따라 사멸하거나 분포 면적이 좁아지는 쇠퇴의 역사를 남겼다.

새로운 종이 한반도에 들어와서 분포 면적을 넓히기도 하였는데 이런 숲의 흥망쇠퇴 원인으로 빙하기와 같은 기후변화를 꼽고 있다.

자연적인 변화를 겪던 한반도의 숲은 한민족의 출현으로 급격하게 변화하기 시작한다.

한반도에 정착한 사람들은 숲을 농경지나 주거지로 변화시켰다.

숲의 파괴는 산업화 이후 더욱 빈번하고 광범위하게 일어나고 있지만, 인간의 숲 파괴 역사는 구석기시대로 거슬러 올라간다.

구석기시대 중기 이후 불을 피우고 관리 방법을 알게 되면서 땔감을 얻기 위한 숲의 훼손은 급격하게 늘어났다.

 나무를 베어 인간이 살기 편하게 숲을 농경지와 주거지로 바꾸어 놓았다. 나무를 베어 연료로 사용하기 시작하면서 숲은 본격적으로 상처를 입기 시작하였다.

 인구 증가와 함께 더 필요했던 농경지를 얻기 위하여 토양이 비옥한 숲은 대부분 농경지가 되었다.

 고려 후기 한반도 숲에 큰 사건이 일어났는데, 바로 중국에서 들여온 목화를 심기 시작한 것이다. 목화를 기존 농경지에서 재배하면 백성들이 굶게 되니 새로운 농경지를 만들었다. 갯벌과 습지를 메우고 숲에는 불을 놓아 농경지를 만들었다.

 참나무가 자라는 곳은 나무를 자르고 불을 놓아 화전을 만들어 목화를 심었으며, 농경지를 만들어도 목화가 자라지 않는 척박한 소나무 숲은 다행히 살아남았다.

 바위가 많고 양분이 적은 소나무숲은 사람의 손길을 피하게 되어 한반도에는 척박한 토양에서도 잘 자라는 소나무만 숲에 남겨진 것이다.

# 역사가 담긴 나무

·
·
·
·
·

　백 년도 살기 힘든 인간에 비하여 천년도 넘게 사는 나무는 인간의 삶을 들여다보며 기록해 놓고 있을지도 모른다. 실제로 나무 이야기 속에는 우리네 조상들의 이야기가 숨어 있다.
　유네스코 지정 세계문화유산으로 세계적인 관심을 받는 '팔만대장경'은 나무로 만들어진 우리 조상들의 위대한 작품이다.
　국보 제32호 팔만대장경은 몽골이 고려를 침입하자 부처님의 힘으로 몽골군을 물리치기 위해 만들었다. 또한, 어떤 나무로 만들어졌기에 천년의 세월을 버틸 수 있는지에 대한 의문이 끊임없이 제기되고 있었다.
　추운 지방에서 자라 목재가 치밀하고 단단한 자작나무로 만들어졌을 것이라는 기존의 속설은 정답이 아니었다.
　과학자들의 많은 연구를 통하여 대장경의 재료는 우리 주변에서 흔히 자라던 산벚나무와 돌배나무로 밝혀졌다.
　나무판을 이용한 인쇄는 비용과 노력이 많이 들고 목판에 새겨둔 것만 계속 찍어야 하는 한계가 있다.
　그래서 나무 활자도 만들어 사용하고 시간이 지나면서 금속 활자도 함께 썼다고 알려져 있다.

나무 활자는 우리 조상들이 도장을 팔 때 흔히 쓰여 '도장 나무'라고도 불리던 회양목을 이용했다고 한다. 우리는 회양목을 화단에 생울타리를 만드는 조경용으로 사용하고 있지만, 조상들에게는 도장을 만드는 꼭 필요한 소중한 나무였다.

옥황상제가 타고 다니던 '천마'라는 신성한 동물이 그려진 '말다래'라는 말안장 장식품이 신라 고분에서 발견되었다. 천마도는 신라의 옛 그림으로는 처음 발견된 매우 귀중한 자료였다.

천마총의 '천마도'는 비단이 아닌 나무껍질에 그려져 있었는데 '자작나무'로 만든 것이다.

자작나무의 껍질이 옛사람들에게 귀하게 대접받던 이유는 다른 나무와 달리 자작나무는 흰색이며 표면이 매끄러운 마치 종이 같은 질감을 가지고 있기 때문이다.

또한, 방부제 역할을 해주는 '큐틴'이란 물질을 포함하고 있어 곰팡이도 피지 않고 방수 기능도 뛰어나다.

충남 공주에서 발굴된 '무령왕릉'에서도 나무가 알려준 놀라운 역사적 사실이 있다. 무령왕의 관은 우리나라에는 자라지 않고 일본에 있는 '금송'이란 나무로 만들어졌다는 사실이다.

아키히토 일본 국왕은 간무 천황의 생모가 백제인이라 밝혔으며 백제의 왕을 위하여 일본에 자라는 300년 금송을 베어 보내는 정도의 한국과의 깊은 인연을 나무가 알려주고 있다.

## 주군을 잃은 숲

·
·
·
·
·

한반도 숲의 주인이던 호랑이는 한민족에게 남다른 존재이다. 한민족의 뿌리 신화인 단군 이야기부터 호랑이가 주인공으로 등장하며, 청동기 시대 반구대 암각화에도 호랑이가 새겨져 있다.

고구려 고분 벽화인 '무용총 수렵도'에는 호랑이를 사냥하는 용맹한 고구려 무사가 세밀하게 그려져 있다.

'조선왕조실록'에도 호랑이에 대한 수많은 기록이 담겨 있으며, 아직도 호랑이와 관련된 지명들이 곳곳에 남아 있다.

고려 말 문익점이 중국에서 들여온 목화씨 몇 톨은 한반도 숲에 큰 영향을 주게 되며, 결국 호랑이의 영역인 숲까지 침범하여 호랑이와 큰 전쟁을 치르게 된다.

'호랑이'란 명칭은 '조선범'이라 불리던 용맹스러운 존재를 낮춰 부르는 단어로 일제 강점기에 만들어 낸 것이다.

호랑이의 '호(虎)'는 범, '랑(狼)'은 승냥이를 뜻한다.

승냥이는 들개와 비슷한 동물로 일본인들은 자기네 땅에 살지 않는 한반도의 호랑이를 비하하는 이름을 만들어 썼다. 하루빨리 조선범이라는 용맹스러운 이름을 되찾기

바란다.

가볍고 따뜻하고 질긴 목화솜으로 만든 옷은 백성들의 복식 생활에 큰 혁명으로 다가왔으며, 가벼운 면으로 만든 돛을 단 조선의 배는 더 많은 물건을 싣고 바다를 누비게 되었다.

폭발적으로 목화솜의 수요가 늘어나면서 숲에 불을 놓아 나무를 베고 화전을 만들었다. 야생동물의 터전인 숲이 밭으로 바뀌면서 행복한 일만 있었던 것은 아니다.

사람들과 가축은 야생동물과 접촉이 증가하였다. 다양한 세균과 바이러스가 야생동물⇨가축⇨사람 순으로 옮겨져 많은 백성이 전염병으로 죽었다.

자기 영역을 빼앗긴 조선범은 사람들과 마주치는 일이 더욱 자주 발생하여, 사람과 가축이 호랑이에게 물려 죽는 경우가 빈번하였다.

백성을 하늘로 삼는 민본주의를 따르던 조선은 강력한 정책으로 한반도의 숲에 서식하던 조선범을 조직적으로 잡아내기 시작하였다. 그 후 한반도에서 조선범의 개체 수는 급속한 속도로 줄어들었다.

그나마 어느 정도 남아 있던 조선범은 일제 강점기 한반도에서 절멸하게 된다.

호랑이의 용맹함을 닮은 한민족의 용맹스러운 기상을 끊어버리려는 일본인들이 조선범의 조직적인 대학살을 자행하였다. 일본인의 총에 맞아 죽은 조선범은 일본인의 식탁에 올려지기도 했다.

총을 이용한 조직적인 조선범 소탕 작전을 펼쳤으며,

소탕 작전에는 조선인 포수가 징발되었다.

일본인들은 손에 피 한 방울 안 묻히고 한민족의 정신적 지주인 '조선범'을 절멸시켜 버렸다.

조선범 사냥에서 직접 총을 잡지 않은 일본 관리들 또한 '조선범'의 원혼이 두려운 탓이었을 것이다.

16세기 일본을 통일한 뒤 조선을 침략하여 한민족과 조선범을 대상으로 무자비한 살생을 저질렀던 도요토미 히데요시(豊臣秀吉)는 오래 살기 위해서 '조선범' 고기를 먹었다고 한다.

한반도를 침략한 일본 장수들은 조선 군인과 전투 중에도 도요토미에게 바칠 '조선범'을 사냥하러 다녔다.

## ♪ 멸종된 동물 이야기 ⑤ - 붉은잠자리 ♪

아프리카 대륙에서도 2천 킬로미터 떨어진 세인트 헬레나섬에 살던 붉은잠자리는 사람들이 섬에 들어오면서 멸종의 길을 걷게 되었다.

세인트 헬레나섬은 남대서양에 있는 외딴 섬으로 지구상 어느 곳에서도 볼 수 없는 동물이 살고 있었다.

붉은잠자리는 인간의 세계와 동떨어진 곳에서 진화되었다. 동떨어진 이곳에 은밀한 무역을 하려는 사람들이 물밀 듯이 들어왔다. 이 섬은 노예상들에게 아프리카에서 신세계로 가는 전초지 역할을 한 것이다. 노예제도 폐지에 따라 해방된 노예들이 이 섬에서 살게 되었다.

잠자리의 유충이 살던 강은 직물공장에서 나오는 폐수로 오염되었다. 사람들이 들여온 개구리가 더러운 강에서도 어렵게 살아남은 잠자리 유충을 잡아먹었다.

1963년에는 한 교수의 포충망에 한 마리가 잡힌 후, 그 모습을 드러내지 않고 있다.

붉은잠자리가 떼를 지어 날던 섬의 하늘은 텅 비었다. 한때 하늘을 붉은빛으로 수놓았던 생기 넘치는 붉은 빛은 죽어서 퇴색한 표본으로 남아 있다. 한때의 영화로움은 그림자로 남게 되었다.

# V. 숲의 가장자리

**금낭화** Bleeding heart
진분홍 비단 주머니를 닮은 꽃이 피어 관상용으로 인기가 높다.
(2021년 경기도 양평)

## 생명의 원천 습지

·
·
·
·
·

　나무는 자라지 않지만, 생태계에서 매우 중요한 역할을 하는 곳이며, 숲과 비슷한 일을 하는 곳이 있으니 이곳을 '습지'라 부른다.

　비가 오는 것을 좋아하는 사람은 있지만, 비가 올 때 돌아다니는 것을 즐기는 사람은 드물 것이다.

　가장 짜증스러운 것은 바로 질퍽거림이다. 도시에서는 오염물질이 잔뜩 녹아있을 것만 같은 시커먼 구정물이 고이는 곳, 시골에서는 걸을 때마다 진흙이 붙어 신발이 계속 무거워진다.

　나중에 신발에 붙은 진흙 띠어 내기가 보통 일이 아니다. 고양이가 물을 싫어하듯 인간은 본능적으로 질퍽거림을 싫어한다.

　오래된 '타잔'이란 영화에선 밀림 속의 늪이 등장한다. 악당이든 착한 사람이든 무조건 하루에 한 번 무서운 늪의 위력을 봐야 영화가 끝나곤 하였다. 그러나 이런 늪은 그리 무서운 존재는 아니다. 오히려 지구 생태계를 유지해 나가는 원동력이 되는 것이다.

　흔히 '늪'이라 칭하는 습지는 지구의 생명의 신비와 질서를 간직하고 온갖 생물에게 다양한 서식 환경을 제공하고 있는 지구에서 가장 생산력이 풍부한 지역이다.

습지라 일컬어지는 자연환경은 우리가 잘 알고 있는 늪을 비롯하여 개울, 강, 바다, 호수, 저수지, 논, 갯벌 등 물이 있는 곳이면 전부 습지라 불린다. 그러나 생태적으로 매우 중요한 습지는 질퍽거림을 싫어하는 인간이 지구를 지배하게 되면서 점차 소외되고 사라지고 있다.

세계 5대 갯벌 중의 하나로 일컬어지는 서해안 갯벌은 시화호와 새만금을 통하여 국민에게 잘 알려졌다.

시화호로 인하여 사라진 경기만 갯벌은 경기만으로 흘러드는 모든 오·폐수를 정화해 줌으로써 서해를 지키는 정수기 역할을 하였고, 각종 어패류를 길러내고 산란장을 제공하므로 서해를 풍요롭게 하는 보물창고였다.

육지의 습지 또한 갯벌처럼 모든 숲에 사는 동·식물의 산란장이며 서식처이다.

우리나라에서 관찰 기록이 있는 500여 종의 새 중 60% 정도가 강이나 호수 등 습지에 의존하여 생활하는 종류인 것을 보아도 지구상의 생물들에게 습지가 얼마나 중요하다는 것을 알 수 있다. 그리고 여름 홍수 때에는 자연 댐 역할을 톡톡히 한다. 물 문제가 생명의 문제로 다가와 있었던 것이다.

습지의 수초들과 바닷가 갯벌은 수질을 정화하고 오염물질을 제거해준다. 이런 습지의 특별한 기능은 1ha당 약 14,000달러의 수질 정화비용을 절감해 준다.

우리나라 습지 파괴 행위는 일제 강점기부터 행하여져 왔다.

고려 시대, 조선 시대에도 질퍽거리는 습지를 메우고 막는 공사가 있는 것으로 알려졌지만, 그땐 규모가 작아서 생태계에 별문제가 없었다.

그러나 일본은 한반도를 지배하면서 더 많은 쌀을 생산하기 위해 대규모 인력을 투입하여 둑을 쌓아 갯벌을 막았다.

한국전쟁이 끝나면서 갯벌을 메워 국토를 만들겠다는 권력자의 생각을 아무도 막을 수 없었다.

배고픈 국민에게 나누어 줄 농토를 만들겠다는 국가 정책이었다. 이런 대규모 공사로 국토를 넓힌 지도자는 대한민국 지도를 바꾸었다는 칭송을 받았다. 건설 기계가 발달하고 기술이 발달하면서 예전에는 불가능한 대규모 사업도 벌어졌으며, 30여 년의 끈질긴 노력으로 천수만, 시화호, 새만금 방조제 등을 완공시켰다.

세월이 지나면서 시대가 달라졌다. 국민은 쌀보다 생선과 조개를 더 원했으며, 갈매기가 날아다니는 푸른 바다를 원하고 있다.

'고인 물은 썩는다'라는 것은 삼척동자도 다 아는 자연의 진리이다. 예전에는 배고픈 국민을 위해 쌀을 생산하는 논을 만들었지만. 요즘은 생각이 다르다.

지도자의 위대한 업적을 남겨놓기 위해 바다를 메우고 있으며, 흐르는 강물을 막기도 한다. 이는 진정으로 쌀이 필요해서가 아니고 우리나라 땅값이 비싸기 때문이다. 국민을 위한 땅이 아니고 독재자의 토지를 만들고 있었을까?

산에서 내려오는 계곡물은 절벽에서 떨어지고, 바위에

부딪히면서 하얀 거품을 만들어낸다.

이때 공기 중의 산소가 물속에 녹아들어 물속에서 생물들이 살아갈 수 있도록 환경을 만들어 준다.

이렇게 용존산소를 잔뜩 품은 계곡물은 강으로 흘러들어 굽이굽이 천천히 흐르며 바다로 산소를 전해 주는 것이다.

그러나 우리나라 실개천, 강은 과거와 다르게 자연스럽지 못하고 너무 반듯하게 바뀌었다. 우리나라 산천을 흐르는 물은 굽이치고 떨어지고 할 기회가 없어 산소가 부족하다. 산소 없이 살 수 있는 생물은 없다. 이 모든 것은 줄 세우기를 좋아하는 일제 강점기의 잔해, '앞으로나란히' 정신의 결과로 보인다.

# 개구리를 깨우는 경칩의 생태학

·
·
·
·
·

 숲에서 살기 때문에 '산개구리'라는 이름이 붙여진 개구리는 산란기에는 숲을 벗어나 숲 가장자리 물웅덩이에 알을 낳는다. 알을 낳으면 숲으로 돌아가고 알에서 깨어난 새끼들도 숲으로 돌아간다.

 숲으로 돌아가는 행동은 '산개구리'뿐 아니라 두꺼비, 청개구리 등 다양한 개구리 종류에서 보이는 현상이다.

 대부분 개구리는 연못, 하천, 저수지, 농경지에서 살아가고 있다고 생각하지만, 개구리도 숲을 기반으로 살아가는 동물이다.

 개구리가 겨울잠에서 깨어나는 날로 널리 알려진 경칩은 24절기 중 세 번째 절기이다.

 경칩(驚蟄)은 놀랄 경(驚), 벌레 칩(蟄)이란 한자를 쓴다. 경칩의 정확한 의미는 개구리가 깨어나는 날이 아니라, 모든 벌레가 겨울잠에서 깨어나는 날, 모든 생물이 생명유지 활동을 시작하는 날로 생각하는 것이 좀 더 '경칩'의 정확한 의미가 될 듯싶다.

 스스로 체온 조절을 하지 못하는 변온동물인 개구리는 기온이 영하로 떨어지는 겨울에 돌아다니다간 굶어 죽거나 얼어 죽기 십상이다.

개구리의 먹이가 되는 곤충들도 체온을 스스로 조절하지 못하기 때문에 겨울에는 활동할 수 없다.

개구리는 활동과 먹이 사냥이 불가능한 겨울에는 참고 버티자는 전략으로 한겨울에도 0~4℃ 정도를 유지하는 깊은 물 속에서 겨울을 난다.

두꺼비와 같이 땅을 파는 재주가 있는 종류는 땅을 파고 들어가 겨울을 이겨낸다.

다람쥐나 햄스터의 경우는 상황에 따라 체온 조절이 가능한 '이온동물'이다. 즉 변온동물과 항온동물의 장점을 함께 가지고 있다.

기온이 높은 시기에는 다른 포유류처럼 스스로 체온을 조절하며 생활하다가 기온이 내려가는 시기에는 체온을 3℃ 정도로 낮춰 겨울을 이겨낸다. 체온을 낮추면 맥박이 1%로 줄어 대사율이 낮아지기 때문에 먹지 않아도 긴 겨울을 버틸 수 있다.

우리가 처한 지구환경이 도저히 살아남기 어려울 정도로 혹독하다면 개구리의 겨울잠 전략을 따라 해보는 것이 어떨까?

소비를 줄이고, 버티고, 견디며 따뜻한 봄날을 기다리는 것이 개구리가 우리에게 주는 교훈인 것 같다.

경칩을 기다리며 잔인한 계절을 이겨내는 개구리 겨울잠은 아주 많은 시간을 들이고 혹독한 희생을 치르며 기후에 적응한 진화의 산물이다. 그러나 이러한 자연의 법칙이 깨어지는 사건이 최근 너무나 빈번하게 발생하고 있다.

경칩 이후 '꽃샘추위'가 너무 강하여 겨울잠에서 깨어난 개구리가 얼어 죽고 새로운 희망을 품고 낳았던 알 또한 얼어버리는 현상이 매년 일어나고 있다. 적응된 자연의 배신이라는 현상에 대하여 정확한 원인이 밝혀지지 않았지만 요즘 화두가 되는 지구적 기후변화를 원인으로 지목하고 있다.

46억 년 지구역사에서 가장 개체수가 많고 대형 잡식성 동물인 인류의 번성이 매년 수만 마리의 개구리를 얼어 죽게 만들고 있다. 기후위기는 원인은 알고 있지만 이미 인간의 통제를 넘어선 상황이 아닌지 걱정이다.

기후위기라는 환경 문제는 정치적으로 해결되기 어렵다.

환경에 대한 올바른 가치관을 가진 사람이 한 명 늘어날 때마다, 인류 멸망의 확률이 아주 조금씩 줄어들 뿐이다.

## 제비... 인간과 잘못된 만남

∙
∙
∙
∙
∙

　대부분 생명은 숲에 의존해서 살아간다. 그러나 제비는 숲을 떠나 사람의 집에서 함께 살아가고자 하였다. 숲을 떠난 인간과 제비는 어떤 운명의 길을 걷게 되었을까?
　제비는 우리 주변에 흔한 새였다. 사람의 마을을 찾아와 한 지붕 가족처럼 지내던 친구는 도시에선 볼 수 없게 되었고 서울시에서는 보호종으로 지정하여 관리하고 있다.
　매년 봄이면 수천 킬로미터를 날아와 처마마다 둥지를 틀어 검은 양복을 입고 손님을 가장 먼저 반겨주던 우리 친구 제비에게 어떤 일이 생겼을까?
　이에 대한 해명은 수천 년 전 인간과 제비의 잘못된 만남으로부터 시작된다.
　제비는 천적을 피해 인간과 공생에 도전하였다. 불필요한 살생을 하지 않는 한민족의 처마 밑에 둥지를 틀어 훌륭히 새끼들을 길러내었다.
　그런데 우리나라 사람들은 요즘은 처마 있는 집을 짓지 않는다. 아파트만 가득하다.
　하루살이, 잠자리와 같은 먹이도, 먹이를 사냥하던 논도 없어지면서 우리나라를 찾는 제비의 삶에 치명적인 상처를 주고 있다.

공존을 꿈꾸며 인간에게 당당히 다가와 수천 년을 같은 함께 살아온 제비는 인간의 변심 때문에 생존의 위협을 겪고 있다.

벼농사를 짓는 논과 가까운 시골집은 제비 번식에 최적의 조건이였다. 논에는 다른 새들은 둥지 재료로 이용하지 않는 진흙이 풍부하고, 곧 태어날 새끼에게 먹일 다양한 곤충이 있다.

제비가 온다는 삼월 삼짇날은 모내기를 위해 논에 물을 채우는 날과 거의 일치한다.

겨우내 바짝 말라 흙먼지가 날리던 논에 물이 들어오면, 암컷은 진흙을 물고 와 둥지에 쌓고 점성이 강한 침과 섞어 다진다. 수컷은 사초과 풀을 물고 와 암컷이 진흙 작업을 해 놓은 둥지의 강도를 높인다.

집을 짓는 4~5일 동안 논두렁에서는 새끼 제비를 먹일 곤충들이 겨울잠에서 깨어난다. 번식에 최상의 조건을 갖추게 된다.

제비에게는 좋지 않은 버릇이 있였다. 다른 새들은 번식 둥지 근처에 새끼들의 배설물을 두지 않는다. 모두 입으로 물어다 멀리 내다 버린다. 배설물은 뱀이나 쥐와 같은 천적이 둥지의 위치를 알아낼 수 있는 정보를 제공해 주기 때문이다.

둥지 근처에다 아무렇지 않게 배설을 하는 어미, 둥지에서 엉덩이만 내밀어 용무를 해결하는 새끼 제비들도 부전자전이다.

다른 새들에겐 이런 행동은 목숨을 담보로 하는 불장난

같지만, 제비의 게으른 배설 행위는 매우 자연스럽게 계속된다.

남의 집에서 이런 지저분한 행동을 하여도 집주인은 배설물 받침대까지 설치해 주며 제비를 보호해 준다. 우리나라 사람에게 제비는 행운의 상징이며 모기와 같은 해충을 잡아먹는 이로운 동물로 배웠기 때문이다.

사람 때문에 쥐나 뱀 같은 천적들이 얼씬거리지도 않는다. 그래서인지 제비는 할아버지 홀로 사시는 너무 적막한 집에는 둥지를 틀지 않는다. 화목하고 항상 웃음이 넘치는 다복한 집에 둥지를 튼다.

예전에는 대가족을 이루고 살았기 때문에 아무 집에나 둥지를 틀었겠지만 요즘 시골에는 노부부만 단둘이 사는 집이 많아져서인지 평범한 농가보다는 사람들이 북적이는 마을회관, 기름집, 식당, 미용실 등에 둥지를 많이 튼다. 입구에 제비가 둥지를 튼 식당은 사람들이 많이 찾는 '맛집'이라 생각해도 틀림없다.

아무리 시골이라도 마을회관이 있는 중앙도로에 있는 집에 둥지를 틀고 이면도로나 골목길에는 둥지를 틀지 않는다.

다리 다친 제비를 고쳐준 흥부가 제비 덕분에 부자가 되었다는 이야기는 한국 사람이면 누구나 알고 있을 정도로 유명하다.

우리네 조상들은 해마다 찾아오는 제비들을 위해서 마당에 물을 뿌려 집을 짓는 진흙을 마련해 주었고, 제비를 죽이면 집에 불이 난다고 믿었다.

**제비** Barn Swallow
한집에 살던 제비는 사람과 점점 멀어지고 있다. (2018년 경기도)

**청설모** Korean squirrel
숲에 살던 청설모는 공원에서 자주 보인다. (2019년 어린이대공원)

제비가 하늘을 낮게 날면 비가 올 것이며 높이 날면 하늘이 맑게 갠다는 이야기는 생활 상식이었다.

모내기 전에 논두렁에 종이로 만든 제비를 모셔놓고 해충을 막는 굿을 하는 풍습도 있었다.

결과적으로 잘못된 만남이 되어 버린 친구가 위험에 처해있지만, 제비 보호를 위해 인간이 할 수 있는 일은 아무것도 없는 것 같다. 아파트를 허물고 처마가 있는 집을 지을 수도 없고, 도시에 있는 직장을 그만두고 논농사를 다시 시작할 수도 없다.

이제 지구상에서 가장 영향력이 높은 잡식동물 '호모 사피엔스'는 생활습관을 바꾸는 것만으로도 지구를 위험에 빠뜨릴 수 있는 존재가 되었다.

1회용품 안 쓰기, 손수건 사용하기, 음식물 쓰레기 줄이기 같은 "불편한 약속"을 한 가지씩 실천하는 것이 오랜 친구의 고통을 덜어줄 수 있는 유일한 방법인 것 같다.

# 어린이 환경 교육의 중요성

·
·
·
·
·

 21세기를 눈앞에 두고 있는 지구의 장래는 암담하다. 눈부신 과학기술의 발달로 인간의 생활은 날로 편해지고 있다. 조금 편하게 살려고 무심히 쓰고 버린 일회용품들이 미세플라스틱으로 인간에게 돌아와 일상적인 삶을 힘들게 하고 있다.
 미세먼지로 뿌연 하늘, 시커먼 하천, 해안으로 몰려드는 스티로폼 이 모든 것들은 우리의 생활에 직접 영향을 미치며 우리의 인상을 찌푸리게 한다. 인류의 생존까지 위협하고 있다.
 우리에게 피해를 주고 심지어 생명을 위협하는 환경오염은, 현대생활에서 생기는 어쩔 수 없는 현상이다. 돼지가 모여 사는 돼지우리에서는 독하고 역겨운 냄새가 나는 것처럼 인간이 모여 사는 곳에서도 온갖 쓰레기,-악취, 폐수 등의 더러운 물질이 생겨난다. 돼지가 더러운 자기 우리에서 뒹굴며 잠을 자는 것처럼 인간도 더러움을 인식하지 못하고 있는 것뿐이다. 돼지가 인간이 사는 모습을 보면 '인간들은 너무 더러워!'란 말을 하지 않을까?
 실제로 돼지는 우리에서 화장실 공간을 따로 두는 엄청 깨끗한 동물이다. 돼지 스스로 화장실도 만들 수 없는 좁은 공간에서 기르기 때문에 더러운 동물이라 잘못 알려져 있다.

지구의 심각한 오염 문제는 누구의 책임이며 어떻게 해결해 나가야 할 것인가? 책임은 지구상에 사는 모두에게 있다.

그러나 어른들보다는 더 많은 시간을 오염된 지구에서 보내야 하는 어린이들에게 더욱 심각한 문제이다. 현재의 과학기술로는 환경오염 문제를 확실하게 해결할 방법이 없다. 이 또한 어린이들이 자라면서 스스로 해결해야 할 문제로 남겨져 있다.

어린이는 현재를 살아가고 있고 미래의 주인이기 때문에 어린이들을 대상으로 하는 환경 교육은 지구를 위해서 매우 중요하다.

아직 환경보호에 대한 가치관이 성립되어 있지 않은 어린이들에게 올바른 교육을 해주어야만 30년 후 아름다운 지구의 모습을 기대할 수 있다.

기성세대들이 받아온 환경 교육은 교육철학적인 면에서 매우 유치했다. 유치한 환경 교육 때문에 지구가 급속도로 오염되고 있는지도 모른다. 전 국민이 굶주려 있는 상태에서의 환경보호는 '삶'에 전혀 생활에 도움이 되질 않았다.

오직 정치적으로 이용되었을 뿐이다. 대통령이 북한산에 환경보호 운동을 하러 나간다면 일주일 전부터 우이동 계곡을 청소한다. 바위에 수백 년 동안 자라온 이끼를 세제와 수세미를 동원하여 깨끗이 닦았다. 수서곤충의 은신처가 되는 낙엽도 깨끗이 긁어 태워버렸다. 인간의 눈에는 깨끗해 보이지만 대통령의 방문으로 북한산 생물들은 보금자리와 먹이를 잃고 죽어갔다.

물고기의 떼죽음, 구역질 날 듯한 하수도, 기름 덩어리 등등, 험악하고 더러운 오염현장을 매스컴을 통해 보여주면서 환경파괴의 경각심을 일깨워 주는 방법도 있었다. 이런 충격요법은 초기에는 효과가 있었을까?

그러나 사람들은 점차 더러움과 추악함에 무디어지기 시작했다. 더는 더러움을 보여 줘도 더럽다고 느끼지 못했다. 이런 환경 교육 방법을 자라나는 어린이들을 대상으로 한다는 것은 매우 무지한 방법이다. 어린이들이 더러운 것을 보고 자라면 진짜 더러운 것이 뭔지 모르게 되기 때문이다.

이 지구를 책임질 미래의 주인인 어린이를 대상으로 할 때는 자연의 아름다움과 신비함을 보여주고 직접 느끼게 하는 것이 더욱 바람직하다.

요즘 어린이들은 너무 바빠서 자연을 접할 기회가 없다. 자연스러운 것들은 우리 곁에서 너무 멀리 떨어져 있는 듯하다.

차를 타고 몇 시간을 가야 자연을 접할 수 있다. 이처럼 노력이 많이 드는 자연 교육이지만 어린이에게 매우 필요한 것이다. 지구의 미래를 위해 반드시 이루어져야 한다.

산골에서 자란 아이들, 바닷가의 소년 소녀는 동화 속의 주인공처럼 순진하다. 그러나 도시의 아이들은 어떤가?

콘크리트 숲속에 살면서 오직 인간끼리의 생존경쟁에서

승리하는 기술만 배우고 있다.

사람이 성공하려면 자연을 알아야 한다.

자연을 모르고 인간 사이에서 승리하는 기술만 배우면 결국 자존감 없는 존재가 된다.

같은 일을 하더라도 '자연의 넓은 품에서 생각하는 사람과 콘크리트 건물 안 세상밖에 모르는 사람' 중 누가 크게 성공할 것 같은가?

자연을 많이 접해야 시골 마을 아이들같이 마음이 고와지고 상상력이 풍부해진다.

어린이에게 자신들이 살아가야 할 지구를 보호하고 아끼는 마음을 가지게 교육하는 그것이 어린이들의 밝은 미래와 행복한 생활을 보장해 주는 것이다.

이 때문에 환경 교육은 아름답고 신비한 자연 속의 생물을 직접 관찰하고 몸소 느끼게 하는 방법으로 바꾸고 있고 선진국에서는 이미 오래전부터 이런 교육을 실행하고 있다.

자연의 신비함과 아름다움을 지키는 방법은 절약이다. 부모들의 부유함 때문에 요즘 어린이들은 너무 많은 물자를 낭비하고 있다.

물건을 아끼는 것이 창피하다고 생각하는 아이들이 대부분이다. 못살아서 아끼는 것이 아니다. 행복하게 살기 위해서 아끼는 것이다.

지구의 자원은 한정되어 있다. 아끼지 않으면 필요해도 못 쓰는 물질이 생길지도 모른다.

어렵게 살아온 부모들이 자녀들에게만은 풍족한 생활을

해주고 싶어서 그러는지 몰라도 이런 행동은 환경을 생각할 여유가 없이 먹고 사는데 급급한 후진국에서 나타나고 있는 현상이다.

아름다운 자연은 사람들이 지구의 자원을 절약할 때 보호될 수 있는 것이다. 근검절약하는 생활습관만이 이 지구를 환경오염에서 구할 수 있는 과학기술이 개발될 때까지 버티는 수단이 된다.

자연의 아름다움에 대하여 신비감을 느끼고 보호해야 한다는 정서를 가진 아이들에게 가르쳐야 하는 것은 근검절약하는 방법이며 이는 부모들의 실천과 노력으로 가능할 것이다.

자연의 신비함과 아름다움을 몸소 체험하고, 아름다운 지구의 자연과 생물을 영원히 보호하기 위해 욕심을 버리고 근검절약하는 '세계 시민'으로 성장한다면 초록색 지구는 영원할 것이다.

## 숲에서 나오며

　이십여 년 전 나는 강원도 평창을 가르며 흐르는 동강은 매우 위험한 상태였다. 국가에서 앞장서 '동강댐 건설'이라는 광풍을 일으키고 있었다.

　물어물어 백룡동굴까지 찾아간 동강의 모습은 한마디로 환상 그 자체였다.

　이 세상에 있지도 않은 상상 속의 무릉도원에 도착한 느낌이었다. 30년 넘게 전국 방방곡곡, 세계 오지를 다녀온 나에게 아직도 그날 동강의 모습은 아직도 잊히지 않는다.

　아름다운 동강 앞에서 얼어붙은 듯 서서 문뜩 이런 생각이 떠올랐다. '이 아름답고 신비스러운 동강을 몇 달 후 태어날 나의 아기가 볼 수 있을까? 나의 아이가 커서 자연의 멋을 알 만한 나이가 될 때까지 동강이 그대로 살아남을 수 있을까?'

　동강댐 건설은 무산되었지만, 동강댐 문제가 방송에 오르내리더니 그동안 아무도 찾지 않던 동강에 관광객이 모여들면서 관광지로 개발은 피해 가지 못하였다.

　우리나라 자연은 날마다 아픈 주사를 맞아야 하는 중환자와 같다. 우리가 자연에 대해서 올바른 지식을 가지고 있지 않으면 자연은 우리 곁을 떠날 것이다.

　자연이 떠나면 인류는 서서히 병들어 먼저 떠난 자연을 뒤따르게 될 것이다.

(2022년 12월 눈 내리는 날 성환에서)

# 숲·에·서
# 생·명·을
# 만·나·다

---

ⓒ 생태학자 최한수
2023년 3월 2일 초판 1쇄 인쇄
2023년 3월 2일 초판 1쇄 발행

지은이 : 최한수
펴낸곳 : 도서출판 **댑스**
전　화 : 031-622-0226
팩　스 : 050-4494-6606
e-mail : monera@naver.com

ISBN 979-11-969440-6-3  03810

---

본서의 내용을 무단 복제하는 것은 저작권법에 따라 금지되어 있습니다.